INTRODUCTION AUX VOIES DE YOGA

Du même auteur

Aspects du Yoga.

TARA MICHAEL

INTRODUCTION AUX VOIES DE YOGA

Préface de Jacques MASUI

Nouvelle édition

Collection GNOSE

Éditions du Rocher

Jean-Paul Bertrand
Éditeur

ISBN 2-268-00084-2

PREFACE

Les livres sur le yoga foisonnent, mais, hélas, il n'en est guère qui vaillent la peine d'être lus ! La plupart sont de seconde main et certains même, plus que douteux... Comme le faisait remarquer, il y a peu, un spécialiste éminent, le yoga est plus célèbre que connu. Sans parler des études éparpillées dans des revues diverses, le premier travail sérieux en langue française sur ce grand sujet parut en 1936 à Bucarest. Il constituait la thèse de Mircea Eliade qui, par la suite, la revisa et la compléta [1]. *Avec les travaux de J. Filliozat, elle est la meilleure étude sur le yoga que nous possédions dans notre langue* [2]. *Nous ne pouvons cependant pas oublier d'autres exposés tels que ceux de P. Masson-Oursel ou de Alain Daniélou, ni des traductions du sanskrit relatives au yoga. Nous ne pouvons pas oublier non plus le travail de Thérèse Brosse, cardiologue, qui fut la première à aborder le yoga par des méthodes cliniques permettant d'apprécier ses effets sur la physiologie humaine.*

1. Cf. *Yoga, immortalité et liberté,* 1954, Payot, Paris.

2. Nous nous étions efforcés de réunir dans un recueil collectif pour les *Cahiers du sud* un important ensemble d'études publiées sous le titre : *Yoga, science de l'homme intégral.* Il eut le mérite d'offrir certains parallèles, notamment avec *L'Hésychasme ou prière du cœur* (par le P. Anthony Bloom), avec l'*Alchimie* (se cachant sous un pseudonyme, l'auteur est aujourd'hui une personnalité de premier plan dans l'orthodoxie), etc.

Néanmoins, il nous manquait un ouvrage succinct et précis écrit par quelqu'un ayant accès non seulement à toutes les sources sanskrites, mais pouvant aussi — et c'est le plus important — parler d'expérience. Cet ouvrage, le voici. Il a beaucoup de mérite et, particulièrement, celui d'être clair et complet. La distribution de la matière n'était cependant guère aisée sous un si petit volume, d'autant plus que Mme Tara Michaël a choisi de nous exposer toutes *les formes de yoga. Si, fondamentalement, celui-ci est un et constitue une catégorie propre à l'Inde, son élaboration et son perfectionnement au cours des millénaires ont provoqué l'apparition de voies* (mârga) *nombreuses possédant chacune des pratiques spéciales. Il était indispensable de bien les distinguer tout en dégageant, dans un exposé préliminaire, ce qui les unit, car l'objectif est le même pour toutes.*

Les Occidentaux se font beaucoup d'illusions au sujet du yoga. La plupart s'imaginent que la voie courte et « violente », celle du hatha yoga [3] *où priment les exercices corporels, les mènera, par une simple gymnastique, au but que tous recherchent secrètement : la maîtrise de soi, le contrôle du flux mental et, finalement, la réintégration (pour reprendre le terme utilisé par Alain Daniélou). Ils devraient d'abord savoir que le yoga n'est réservé qu'à un très petit nombre s'il s'agit de parvenir à son terme, et il n'est pas du tout certain que celui-ci convienne, sauf exception, à des Occidentaux. Il est loin d'être sans grands risques et beaucoup ont payé de leur santé physique ou psychique leur hardiesse par un manque d'entraînement dirigé.*

Il est particulièrement remarquable qu'une société aussi

3. A propos de celui-ci, signalons que Mme Tara Michaël vient de traduire en français, pour la première fois, le traité fondamental de cette forme de yoga. Il s'agit de la *Hatha-Yoga-Pradîpikâ,* paru dans la collection « Documents spirituels », n° 11, 1974, Fayard, Paris. Il est précédé d'une remarquable étude sur les aspects fondamentaux de la tradition hindoue et notamment sur la tradition du yoga et sur la tradition du tantrisme, etc.

*fermée, aussi hiératique et hiérarchisée que celle de l'Inde (en raison de la caste, qui en est le fondement) ait finalement accepté et même encouragé l'*exceptionnel, *accordant une sorte de statut privilégié aux yogis, qui échappent aux obligations intangibles de la caste où ils sont nés. Il est à noter que ceux-ci provinrent davantage de l'aristocratie que de la caste des prêtres — brahmanes — gardiens du rituel qui soutient toute la société hindoue depuis les temps védiques.*

Exacerbant l'énergie vitale jusqu'à son paroxysme, les yogis doivent être considérés comme des aventuriers ou des chercheurs à la fois observateurs attentifs et critiques, de la vie physiologique et psychique. La somme de leurs observations et les exercices qui en découlent devraient confondre les psychologues européens qui se servent, suivant les paroles de Srî Aurobindo à propos de Freud, d'une lampe de poche pour étudier nos comportements.

On se perd en conjectures sur l'origine du yoga. Nous savons seulement qu'il était déjà fort en honneur dans le dernier millénaire avant l'ère chrétienne puisque le Jina *(fondateur du jaïnisme) et le* Bouddha *le pratiquèrent. Mircea Eliade, après Pelliot, a formulé la thèse qu'il descendrait du chamanisme*[4]*, de la Sibérie orientale. Rien n'est moins sûr. Quoi qu'il en soit, il est fort ancien bien qu'on ne le retrouve pas en Iran, qui connut cependant une tradition sœur du Véda. Plus tard, il devait être, en quelque sorte, codifié dans un texte abrupt semblable aux théorèmes d'Euclide : les* Yoga Sûtra. *Il deviendra même un système métaphysique s'appuyant sur le* Samkhya.

Dans l'exposé que l'on va lire, Mme Tara Michaël aborde tous les aspects du yoga. Rien n'est laissé dans

4. Comme Maspero l'avait fait remarquer de manière explicite, on trouve dans ce que l'on nomme le taoïsme, des pratiques fort semblables à celles en usage dans le yoga. Faut-il y voir une influence de l'Inde en Chine ? D'autre part, le même Maspéro comme d'autres aujourd'hui et, notamment Toshihiko Izutsu, voient dans le chamanisme l'origine lointaine du taoïsme. Quoi qu'il en soit, il existait très tôt, en Chine, une forme de yoga, le *tso-wang*.

l'ombre et l'auteur ne tombe pas dans le travers trop fréquent chez ceux qui l'abordent, de vouloir le comparer aux pratiques ascétiques des mystiques de l'Occident. L'Inde est un monde à part, qui, fort heureusement, n'a jamais opposé clairement matière et esprit, alors que ce fut notre affaire depuis les Grecs. Aussi se méprend-on complètement quand on utilise le terme : « spiritualité » à propos du yoga, comme des doctrines indiennes en général. Appliqué à l'Asie, il ne signifie rien et il faut également être fort circonspect dans l'emploi du mot « mystique » à propos du yoga à moins qu'il s'agisse de la délivrance (Moksha) *qui est l'art de se réunir à son Principe.*

Je terminerai par cette conclusion de Masson-Oursel : « Ces victorieux (ces yogis) n'ont été dupes ni de leurs sens ni de leur pensée. Chefs en empirisme pragmatiste : d'eux s'honore l'Inde grandement, sans jalouser ce que l'Europe doit aux maîtres en rationalité[5]. »

JACQUES MASUI

5. Cf. *Le Yoga,* dans la collection *Que sais-je ?* (n° 643). Excellent exposé, sagace et pénétrant.

NOTE SUR LA PRONONCIATION DU SANSKRIT

VOYELLES. En plus des voyelles brèves *a, i, u* (prononcer cette dernière : ou, *guru* = gourou) et des voyelles longues *â, i, û* (prononcer cette dernière comme un ou long, *sûtra* = soutra), le sanskrit possède un l voyelle et un r voyelle. Le premier est très rare, le second se prononce comme un r roulé suivi d'un léger appui vocalique i : *Rshi* = Rishi, *vrtti* = vritti.

DIPHTONGUES. Le *e* (formé de *a* + *i*) est long et fermé, comme dans le français mérite : *Veda* = Véda, *etad* = étad. Le *o* (formé de *a* + *u*) est également long et fermé, comme dans le français pôle. Le *ai* est une vraie diphtongue, à prononcer aï comme dans paille : *vaidika* = vaïdika. Le *au* est aussi une vraie diphtongue, à prononcer aou : *mauna* = maouna.

CONSONNES. Le *g* est toujours dur, même s'il est suivi de *i* ou de *e* : *Gîtâ* = Guîtâ. Le *c* se prononce tch : *cakra* = tchakra. Le *j* se prononce dj : *japa* = djapa. Le t et le d, à différencier du *t* et du *d* qui se prononcent comme les dentales françaises, sont rétroflexes, c'est-à-dire qu'ils se prononcent avec la pointe de la langue tournée vers le haut comme les dentales anglaises (par exemple dans l'anglais doctor). Le *kh, gh, ch, jh,* th, dh, *th, dh, ph, bh,* se prononcent de la même façon que le *k, g, c, j,* t, d, *t, d, p* et *b,* mais suivies d'une aspiration. Le *n* après voyelle se prononce et ne nasalise pas la voyelle précédente : *yogin* = yoguinn, *Brahman* = Brahmann. Le *ñ* est la nasale palatale, à prononcer comme le groupe gn en français : *jñâna* = djnyâna. Le n (cérébral) ne se différencie guère dans la prononciation du *n* (dental). Le m (distinct du *m* qui est la nasale labiale comme dans le français ma) est une nasalisation de voyelle appelée *anusvâra* (résonance ultérieure) : *samsâra* se prononce sansâra, Sâ*m*khya, Sânkhya. Il n'y a qu'une légère nuance entre la sifflante palatale *ç,* qui se prononce comme le ch de l'allemand ich : *Çiva* = Chiva, *çûdra* = choudra, et la sifflante cérébrale *sh,* qui se prononce comme le ch du français : *Purusha* = Pouroucha. Le *s* se prononce toujours comme le groupe ss en français : *âsana* = âssana (et jamais âzana). Le *h,* aspirée forte, comme en anglais, se distingue de l'aspiration des occlusives (voir ci-dessus) en ce qu'il apparaît à l'initiale, ou après voyelle ou liquide : par exemple, *aham,* Hari. Le h est l'aspirée légère, appelée *visarga,* « échappement » (du souffle), en fin de mot ou au milieu d'un composé : par exemple *dyau*h, *anta*h-*kara*na.

MODIFICATION DE LA TRANSCRIPTION DES MOTS SANSKRITS POUR L'ADAPTER AUX LETTRES D'IMPRIMERIE HABITUELLES

Le tiret au-dessus des voyelles est remplacé par un circonflexe : ā = â, ī = î, ū = û.

Le n est remplacé par un n (le point sur le n disparaît).

Le ṭ (et ṭh), ḍ (et ḍh), ṃ, ṇ, ṛ et ḥ sont remplacés : lorsqu'ils sont dans un mot italiques, par une lettre droite ; lorsqu'ils sont dans un mot en caractères droits, par une lettre en italique. Exemple : *kuṭa* = *ku*t*a*, Bhaṭṭa = Bha*tt*a, *haṭha* = *ha*t*ha*, *shaḍ-anga* = *sha*d*-anga*,
Uḍḍiyâna = U*dd*iyâna, *maṇi* = *ma*n*i*, Vāṇi = *Vâni*, *ahiṃsa* = *ahi*m*sa*, Sâṃkhya = Sâ*m*k*hya*, *dhiḥ* = *dhi*h, *vṛtti* = *v*r*tti*, Kṛshṇa K*r*sh*na*.

Les mots sanskrits qui restent en caractères droits, au lieu d'être transcrits en italiques, sont les noms propres, comme Çiva, Çakti, etc.

LISTE DES ABREVIATIONS

Bh.G. = *Bhagavad-Gîtâ.*
Br. = *Brahmâna.*
Br.A.Up. = *Bṛhad-Aranyaka-Upanishad.*
Chând.Up. = *Chândogya-Upanishad.*
H.Y.P. = *Hatha-Yoga-Pradîpikâ.*
M.Bh. = *Mahâbhârata.*
N.B.S. = *Nârada-Bhakti-Sûtra.*
Pur. = *Purâna.*
S.K. = *Samkhya-Kârikâ.*
Up. = *Upanishad.*
Y.B. = *Yoga-Bhâshya.*
Y.S. = *Yoga-Sûtra.*

INTRODUCTION

Pour la pensée indienne traditionnelle, l'époque actuelle représente non pas une période de progrès de l'humanité, mais une phase de dégénérescence, celle où « le taureau de la Justice », ayant été privé successivement, dans chacun des trois âges précédents, de l'un de ses pieds, d'abord de « l'Effort sur soi-même » *(tapas),* puis de la Pureté *(çauca),* et ensuite de la Compassion *(dâyâ),* repose maintenant en équilibre instable sur l'unique jambe qui lui reste, celle de la Vérité *(satya),* sur laquelle il essaie péniblement de se maintenir, en butte aux attaques du démon Kali qui, encouragé par le mensonge, tente de lui dérober même ce dernier support [1]. Des textes sanskrits remontant aux environs de l'ère chrétienne [2] prévoient que, dans ce dernier âge, la « confusion des castes » sera telle que ceux qui détiennent la connaissance (les brahmanes) délaisseront l'enseignement pour se livrer à des besognes lucratives sans rapport avec leur vocation, ou bien « vendront les *Veda* », c'est-à-dire prostitueront leur savoir, tandis que les personnes non autorisées, incompétentes (les *çudrâ),* les ignorants et les charlatans s'approprieront les textes sacrés et prétendront les interpréter.

1. *Bhâgavata-Purâna,* I, 17, 24-25.
2. Livres de lois, épopées, etc., entre 500 avant et 500 après J.-C.

On n'est pas forcé d'adopter le point de vue indien ; toutefois, il faut reconnaître qu'en ce qui concerne le yoga cette prédiction n'est pas sans fondement : tandis que l'Inde s'engage à fond dans la poursuite des intérêts matériels, dont la conquête laisse l'Occident plus ou moins désabusé et insatisfait, la popularité dont commence à jouir le yoga dans les pays occidentaux n'est-elle pas le pire danger qui le guette ? Car il faut admettre que cette popularité, bien qu'elle soit le signe d'une aspiration réelle à un dépassement de soi par les méthodes que le yoga est susceptible d'apporter, ne va pas sans une déformation sans cesse croissante. N'importe qui, pourvu qu'il soit doué de souplesse physique, d'énergie et d'un peu de bagout, peut s'improviser en six mois « professeur de yoga », et le yoga de consommation courante auquel on aboutit n'est rien d'autre qu'une gymnastique de bonne santé. Il ne s'agit pas d'en contester les effets bénéfiques sur le psychisme d'individus voués à la station assise prolongée, et soumis à tant de tensions nerveuses et à l'action débilitante du confort moderne, mais de regretter qu'elle soit si éloignée de ce qu'est originellement et dans sa complétude le Yoga [3]. Les quelques pages de ce livre cherchent à replacer le lecteur dans la perspective indienne, et, l'arrachant aux ambitions bornées du « yoga pour être en forme », à élargir sa vision en lui faisant redécouvrir le Yoga dans son ampleur, sa profondeur et ses multiples applications.

3. Nous employons ce mot avec une majuscule lorsqu'il est replacé dans le contexte indien, car le Yoga y figure, aux côtés du Nyâya, du Vaiçeshika, de la Mîmâ*m*sâ, du Vedânta et du Sâ*m*khya, comme l'un des six « points de vue » *(darçana)* valides, l'un des six modes fondamentaux de la connaissance dans la tradition brahmanique.

DÉFINITION

Le mot Yoga vient d'une racine sanskrite YUJ [1] signifiant « atteler ensemble, joindre, unir ». On en donne traditionnellement deux interprétations. Selon la première, le Yoga est « l'union de l'être individuel *(jîvâtman)* au Principe suprême *(Paramâtman)* » [2]. Selon la seconde, le Yoga est la coordination, l'unification des différents éléments du psychisme humain, comparés à des chevaux fougueux qui seraient disciplinés et attelés à un même char.

Ce double sens n'est pas accidentel. Le second est comme le reflet du premier sur le plan manifesté, car la parfaite maîtrise du psychisme n'apparaît que lorsque l'individu a opéré la « jonction » avec le Soi universel. Mais dans l'ordre temporel, le second sens doit précéder nécessairement le premier, car l'homme ne peut réaliser son identité au Soi suprême tant qu'il n'a pas maîtrisé son être ordinaire et harmonisé les différents niveaux de sa personnalité. L'union au Soi inconditionné présuppose la maîtrise du soi conditionné. Le Yoga désigne donc à la fois le but (l'union) et la méthode (l'unification). Mais dans la mesure où il s'adresse non pas aux « parfaits » *(siddha)*, mais aux êtres qui n'ont pas encore réalisé leur

1. Cette racine se retrouve dans le latin *jugum, jungere,* l'anglais *yoke,* le français joug, joindre, jonction.
2. Définition formulée pour la première fois par Yâjnavalkya.

raison d'être en cette vie, c'est en tant que méthode qu'il nous importe le plus de le connaître. En ce sens, le Yoga prend charge de l'homme tel qu'il apparaît dans son mode d'être habituel : changeant, divers, contradictoire, incohérent, dispersé, aveugle, et lui propose un ajustement progressif, culminant en une maîtrise parfaite de son « véhicule » psychophysique. Cet ajustement, cette intégration le mettent en possession de lui-même et lui permettent de conquérir un état incomparablement supérieur à sa condition actuelle et dont il n'ose même pas rêver : l'état absolument inconditionné, affranchi de toutes les limitations, que la tradition indienne nomme la « Délivrance » *(moksha),* quand elle l'envisage par rapport aux modes d'être limités, et l' « Union » (Yoga), quand elle se réfère au Principe suprême.

C'est vers ce but que la tradition indienne unanime oriente ses efforts et sa réflexion : « Toute science qui n'est pas en vue de la Délivrance est inutile [3]. » « Hors cela, rien ne mérite d'être connu [4]. » Si bien que le Yoga est comme la clef de voûte de l'hindouisme [5].

Le Yoga ne se préoccupe que de « réalisation » effective et non de spéculation : aussi est-il la voie, la méthode par excellence, incluant la totalité des moyens à mettre en œuvre. Et dans la mesure où l'on distingue différentes méthodes, plus particulièrement adaptées à tel ou tel type psychologique, on sera amené à parler, dans un sens secondaire, de différents Yogas : chaque Yoga est l'une des principales voies correspondant aux aptitudes fondamentales de la nature humaine. Chaque individu est libre de choisir la forme de Yoga qui est en affinité avec son caractère, ses aspirations et ses capacités, ou peut à son gré, recourir à une combinaison particulière de ces différentes formes. La *Bhagavad-Gîtâ,* texte central de l'hin-

3. Bhoja, *Râjamârtanda,* IV, 22.
4. *Çvetâçvatara-Up.* I, 12.
5. Nous prenons le mot hindouisme dans un sens large et non restrictif, comme englobant également le brahmanisme ancien.

douisme, nous donne à cet égard l'exemple d'une fusion harmonieuse de différentes voies d'approche, avec ses dix-huit chapitres dont chacun [6] porte le nom d'un Yoga différent.

6. Sauf un, le onzième, intitulé « Vision de la Forme Universelle ».

I. LES ORIGINES DU YOGA

Le plus ancien exposé systématique du Yoga qui nous soit parvenu est constitué par les *Aphorismes du Yoga (Yoga-Sûtra),* composés par Patañjali à une date qui varie, selon les érudits, entre le IIe siècle avant et le IVe siècle après notre ère. Cette œuvre, d'une extrême concision, développée par la suite par de nombreux commentaires, forme le texte de base du Yoga en tant que *darçana,* c'est-à-dire l'un des six « points de vue » sur la Réalité ultime et modes d'approche de celle-ci, reconnus par le brahmanisme comme concordant avec la Révélation primordiale des *Veda.*

Mais Patañjali n'a pas « inventé » le Yoga, il n'a fait que répertorier et classer les pratiques yogiques existant de son temps, celles qu'une expérience séculaire avaient éprouvées et retenues. Son premier aphorisme pourrait se traduire ainsi : « Voici maintenant la transmission de l'enseignement du Yoga » *(atha yoga-anuçâsanam).*

La tradition indienne attribue l'enseignement originel du Yoga à Hira*n*yagarbha, la Personnalité Divine qui, adoptant par un simple acte de volonté un corps humain, aurait révélé toute la doctrine au commencement de ce cycle de création [1].

En dehors du mythe, toutes les informations que nous avons sur la tradition du Yoga antérieure à Patañjali sont

1. Cf. *Ahirbudhnya-Samhitâ,* XII, 31, *Yuktidîpikâ,* etc.

fragmentaires et allusives. Trois *Upanishad,* la *Maitrî,* la *Çvetâçvatara* et la *Katha-Up.,* mentionnent l'importance des méthodes du Yoga, mais sans explications détaillées : la connaissance précise de ces méthodes faisait évidemment l'objet d'un enseignement direct de maître à disciple. La *Maitrî-Up.* le déclare d'ailleurs expressément :

« Que personne n'enseigne cette connaissance tout à fait secrète à quelqu'un qui n'est pas un fils, qui n'est pas un disciple, qui n'a pas pacifié son esprit. A quelqu'un qui est exclusivement dévoué [à son maître, ou à son but spirituel] et qui possède toutes les qualités requises, on peut l'enseigner [2]. »

Les origines proprement dites du Yoga se perdent dans la nuit des temps. A-t-il été le patrimoine culturel de civilisations antérieures à l'arrivée en Inde des Aryens, et s'est-il incorporé peu à peu à la civilisation védique et brahmanique ? Ou représente-t-il l'épanouissement naturel et nécessaire de la civilisation aryenne et védique ? Autant de questions auxquelles l'état actuel de nos connaissances ne nous permet pas de répondre décisivement.

On peut seulement relever les idées et les pratiques védiques qui sont susceptibles d'avoir été les germes de développements aboutissant plus tard à ce que nous connaissons comme le Yoga. A y regarder de plus près, ces préfigurations abondent non seulement dans certains hymnes [3], mais surtout dans les *Aranyaka,* cette portion de la littérature védique qui s'adresse à ceux qui se retirent dans la forêt pour s'y livrer à une triple discipline : ascèse *(tapas),* sacrifice et méditation. Ces textes contiennent toutes sortes d'indications concernant le rituel, son

2. *Maitrî,* VI, 29.

3. Comme l'hymne du Rg-*Veda* (X, 136) qui célèbre les ascètes aux longs cheveux *(Keçin).* D'autres types d'ascètes, les *Vrâtya,* les *Brahmacarin,* les *Muni,* les *Yati,* annoncent les *yogin* par certains traits, quoique le langage védique, poétique et visionnaire, s'exprimant par homologations, symboles et énigmes, soit difficile à déchiffrer.

sens secret, le symbolisme, et la substitution d'un sacrifice intériorisé, mental, au sacrifice extérieur.

Or, s'il est une notion qui dans le contexte védique doive annoncer le développement du Yoga, c'est bien celle de *tapas*. On traduit généralement ce mot par « ascèse » ; mais il faut l'entendre au sens du grec : exercice, discipline, effort sur soi-même. Le mot *tapas* est dérivé d'une racine TAP qui veut dire s'échauffer, devenir brûlant, et il a pour connotation l'idée d'un dégagement de chaleur associé à l'effort.

Les formes que peut prendre le *tapas* sont variées : dépasser, par un effort de volonté, certaines limitations corporelles, en jeûnant, en restant debout sur une seule jambe ou les bras en l'air, immobile sous le soleil torride, assis entre quatre feux ; supporter l'extrême froid ou l'extrême chaud ; affronter certaines épreuves ; garder le silence, observer divers vœux, contrôler la respiration... Toutes ces pratiques ont pour but d'accumuler une certaine énergie intérieure. L' « ardeur », l'intensité de l'effort engendrent une force qui est comparée à un feu, purificateur et illuminant. Le *tapas* n'est nullement une mortification naissant de la dépréciation du corps, comme l'est parfois l'ascèse dans certaines religions, mais vise à produire une « chaleur psychique » permettant d'atteindre un niveau d'être supérieur. « Les dieux eux-mêmes ont gagné leur rang divin par le *tapas* [4]. » C'est pourquoi ils se sentent menacés quand un mortel cherche à les égaler par le *tapas*, et se dépêchent d'envoyer de séduisantes nymphes célestes ou d'autres tentations pour le distraire de son ascèse [5]. Car le *tapas* est une source de puissance,

4. *Taittirîya-Brahmâna*, III, 12, 3.

5. Cette intervention n'est pas sans danger, car interrompre un ascète absorbé dans son *tapas*, c'est s'attirer la foudre de sa colère. Le *Mahâbhârata* nous raconte comment la nymphe Menakâ, sollicitée par Indra, le roi des dieux, de tenter le sage Viçvâmitra pour le frustrer de son *tapas*, n'ose prendre à elle seule un tel risque : « L'énergie, le *tapas*, et la fougue de cette grande âme t'ont rendu anxieux. Pourquoi ne serais-je pas anxieuse aussi ? Comment est-ce

en elle-même neutre, dont on peut mésuser comme de toute puissance. Celui qui irradie l'énergie engendrée par un grand *tapas* peut devenir un être redoutable, un oppresseur de la terre, un démon, si ses desseins sont égoïstes et destructeurs, et il faudra en ce cas une intervention héroïque ou divine pour le réduire à merci et en délivrer la terre. Mais la loi est en quelque sorte impersonnelle, qui veut que l'homme qui s'applique à un *tapas* intense obtienne une prééminence et une puissance, quel que soit l'usage qu'il en fait par la suite.

Le *tapas,* qui peut se définir comme une application intense et réitérée de forces en un point donné, est rituellement assimilé à l'acte d'allumer le feu, acte central dans le rituel et la symbolique védique :

« Nous qui par le *tapas* allumons le feu de l'esprit,
Puissions être chers au *Veda*[6]. »

Le Feu, Agni, est produit par la friction de deux pièces de bois *(arani)* : un bâton tenu verticalement, et un socle horizontal. Le tournoiement du bâton supérieur, considéré comme le père d'Agni, fait jaillir au point de friction l'étincelle qui enflamme la base, considérée comme la mère d'Agni. Le jaillissement du Feu est donc le résultat d'une friction entre deux forces opposées, friction qui est comparée aussi à un barattage, ou encore à l'acte de la génération.

Mais ce que les R*shi* védiques appellent le Feu est loin d'être limité au seul élément physique désigné par ce

qu'une femme même comme moi peut toucher un tel homme plein d'ardeur ascétique, semblable à un feu flamboyant, et qui possède parfaite maîtrise sur toutes ses passions. » Finalement, la complicité du dieu du Vent est acquise, et celui-ci comme par hasard souffle furieusement et arrache son vêtement à la nymphe tandis qu'elle passait d'un air innocent devant l'ascète. Il dévoile ainsi sa merveilleuse beauté, à laquelle Viçvamitra, en dépit de toute son austérité, ne résiste pas. Mais le cas est exceptionnel. Lorsque Kâma, dieu du désir sensuel, décoche ses flèches fleuries pour éveiller le dieu Çiva de sa méditation, il est instantanément réduit en cendres par un seul regard du « troisième œil » de Çiva, l'œil foudroyant de la sagesse.

6. *Atharva-Veda,* VII, 61, 1.

nom. Le Feu représente le principe de vie, de chaleur, de conscience, caché dans tous les êtres :

« Il demeure occulte bien que ses flammes soient brillantes [7]. »

« Le Feu réside caché dans la terre, dans les plantes, et les eaux le charrient. Le Feu est dans la pierre. Il y a un Feu enfoui profond dans l'homme, un Feu dans les vaches, un Feu dans les chevaux [8]. »

Agni est caché, il demeure latent en chaque combustible. Les mots « bois » ou « combustible » symbolisent la substance, comme l'indique la question traditionnelle : « De quel bois le monde est-il fait ? » Le germe du feu est présent en toutes choses, animées et inanimées. Pour qu'il se manifeste, il faut déployer une certaine force :

« O Agni, Atharvan t'a fait jaillir du lotus par friction [9]. »

Cet effort est l'acte viril par excellence, la *virtus,* l'énergie virile qui se mesure à la capacité de faire jaillir la flamme divine ensevelie dans la matière. C'est un acte sacrificiel, où l'autel *(vedi)* est la mère, le sacrificateur le père ; et Agni, qui est allumé dans cet autel, est le *deva* ou principe divin qui devient manifeste et grandit par l'oblation continuelle. Le sacrifice dans ses multiples acceptions est le fondement de la civilisation védique, qui le considère comme le pivot, le moyeu de l'univers, le centre à partir duquel tout s'ordonne :

« Le sacrifice est le nombril du monde [10]. »

Tout ce symbolisme s'applique également au *tapas,* qui est la production du Feu intérieur, par un effort concentré, un « frottement » qui implique la résistance de la nature individuelle avec ses pulsions, sa dispersion, ses réticences, ses failles. Cette nature doit être enflammée et transmutée par le Feu, elle devient combustible et oblation.

7. Rg-*Veda,* IV, 7, 6.
8. *Atharva-Veda,* XII, 1, 19-20.
9. Rg-*Veda,* VI, 16, 13. Le lotus représente ici les eaux cosmiques, ou bien le cœur.
10. Rg-*Veda,* I, 164, 35.

Un autre ensemble de symboles, transposable au *tapas,* est celui du barattage. Selon la vision des poètes védiques, le lait est un liquide, une « eau », symbole de l'élément féminin, dans laquelle sont en suspension des milliers de minuscules globules de beurre. Ce beurre est présent dans le lait à l'état diffus, et ne devient apparent que par le barattage. La présence du beurre dans le lait est due à la semence du mâle, car la vache ne donne de lait que lorsqu'elle a été fécondée, et le lait, symbole de la maternité, n'est rien d'autre que du beurre émulsionné dans les eaux pures de la femelle. Par un effort particulier : le barattage, ce beurre est séparé, isolé de l'eau, et extrait.

Or le beurre possède une affinité avec le feu, puisque c'est une expérience commune que si l'on verse de l'eau sur le feu, elle l'éteint, tandis que si l'on verse du beurre, le feu s'embrase. C'est pourquoi le beurre est regardé comme une forme solide du Feu [11].

La Nature est la Vache cosmique. L'univers est son lait. Dans ce lait est caché un nectar qu'il faut extraire par certaines « manipulations », par un procédé spécial de stimulation et d'animation, dans ce lait est un Feu dormant que, par le barattage du *tapas,* il faut éveiller.

Sans doute la tradition du *tapas* donna-t-elle lieu par la suite à des déformations et à des excès, qui restreignirent sa portée et le firent même regarder comme inutile par certains sages [12]. La nécessité d'une remise au point était sentie par le *Mahâbhârata* qui fait dire au célèbre héros Bhîshma :

« Ce que les gens appellent *tapas,* comme de jeûner la moitié du mois, n'est en fait qu'un dommage infligé au

11. *Çathapatha-Br.*, VIII, 4, 1, 41. *Taitt. Br.*, I, 1, 9, 6, etc.

12. Le Bouddha Çâkyamuni poursuivit quelque temps une ascèse très sévère consistant en privations corporelles, mais l'abandonna par la suite, la dénonçant comme une voie extrême et néfaste, que ceux qui comme lui suivent la « voie du milieu » doivent rejeter tout autant que le relâchement et le laisser-aller. Rien ne dit toutefois qu'il ne retira aucun profit de cette expérience.

corps et n'est pas regardé comme *tapas* par les gens de bien.

« Le détachement et l'humilité, voilà, enseigne-t-on, le suprême *tapas*. Celui qui possède ces deux vertus, est comme en état de jeûne et de chasteté perpétuels [13]. »

La *Bhagavad-Gîtâ* est encore plus formelle :

« Les hommes qui accomplissent des austérités violentes, non enjointes par les textes sacrés, avec arrogance et égoïsme, poussés par la force de leurs désirs et de leurs passions, hommes dépourvus de sens tourmentant les éléments agrégés qui forment le corps, et Me tourmentant aussi, Moi [le Principe divin] qui réside en leur corps, sache que ceux-là sont démoniaques en leurs desseins [14]. »

Mais elle établit ce qu'est le véritable *tapas* :

« L'adoration du divin, du deux-fois-né [15], du guide spirituel, du sage, la pureté, la rectitude, la continence, l'absence de meurtre et de violence à l'égard d'autrui, telle est l'ascèse du corps.

« Un langage qui ne blesse pas, véridique, amical et bénéfique, l'étude régulière des Ecritures, telle est l'ascèse de la parole.

« La sérénité et la clarté de l'esprit, la douceur, le silence, la maîtrise de soi, l'entière purification du caractère, telle est l'ascèse mentale [16]. »

On voit que la *Bhagavad-Gîtâ* donne une extension indéfinie à la notion d'ascèse.

Dans le Yoga classique, l'élément de *tapas* est conservé comme formant l'une des cinq disciplines *(niyama)* qui constituent la deuxième étape *(anga)* du Yoga. Son importance est grande puisqu'il est également considéré comme l'un des trois aspects du *Kriyâ-Yoga* : Yoga de la pratique, de l'action accomplie en vue d'obtenir la fixité de l'esprit.

13. *M. Bh.*, XII, 221, 4-5.
14. *Bh. G.*, XVII, 5-6.
15. La « seconde naissance » est celle de l'initiation.
16. *Bh. G.*, XVII, 14-16.

Mais chez Patañjali, c'est bien le sens originel du *tapas* qui apparaît :

« Par le *tapas,* produisant la destruction des impuretés, [on obtient] la perfection du corps et des facultés. »

Et le commentaire de Vyâsa renchérit : « Sans *tapas,* un homme ne peut atteindre la perfection en Yoga. » On doit remarquer qu'il est question ici de perfection *(siddhi)* du corps et des sens, et non de leur mutilation ou de leur destruction.

II. LES BASES DOCTRINALES DU YOGA : LE SÂ*M*KHYA

Dès ses plus anciennes formulations, dans les *Upanishad,* l'épopée, la *Bhagavad-Gîtâ,* les *Yoga-Sûtra* et leurs commentaires, le Yoga se présente comme indissolublement lié à un autre « point de vue » *(darçana)* traditionnel, au Sâ*m*khya, non pas toutefois tel que celui-ci apparaît codifié à l'époque classique dans les *Sâmkhya-Kârikâ* d'Içvara K*r*shna, mais à des formes plus anciennes de la même école.

Le Sâ*m*khya établit les principes sur lesquels le Yoga fonde sa pratique, et définit avec clarté le but que le Yoga se donnera pour cible, de sorte que toutes les disciplines que propose le Yoga sont dépourvues de sens si l'on ne comprend pas la cosmologie, la psychologie, et la sotériologie fournies par le Sâ*m*khya. Le Sâ*m*khya et le Yoga, que l'on tenait pour les deux plus anciens enseignements (le *Mahâbhârata* les appelle « les deux doctrines éternelles », *sanâtane dve*), sont souvent considérés comme les deux aspects, l'un théorique, l'autre pratique, d'une même doctrine. Une des meilleures sources d'information que nous possédions sur l'état ancien de la doctrine Sâ*m*khya est constituée par le commentaire même de Vyâsa aux aphorismes de Patañjali, le *Yoga-Bhâshya* ; ce commentaire est conclu à la fin de chaque chapitre par le colophon : « Tel est, dans l'enseignement du Yoga de Patañjali, dans l'exposition du Sâ*m*khya, le chapitre du commentaire de Vyâsa traitant de ... », expression qui montre clairement que le texte fut composé dans l'intention d'élucider à la fois les principes du Sâ*m*khya et du Yoga. Si nous avions encore des doutes sur les rapports étroits entre ces deux voies, la *Bhagavad-Gîtâ* nous assure (III, 5-6) :

« Les ignorants (littéralement : les enfants) parlent du Sâ*m*khya et du Yoga séparément (comme de deux voies différentes), mais non les gens instruits qui, s'attachant à l'un, connaissent également le fruit des deux. »

Bien que le Sâ*m*khya se pose comme un système complet, se suffisant à lui-même, pour permettre à l'homme d'atteindre le but ultime de l'existence, il trouve son application naturelle dans les méthodes du Yoga, et tout l'effort du *yogin* (adepte du Yoga) est incompréhensible si l'on n'a pas accepté préalablement les données fondamentales établies par le Sâ*m*khya. Toutefois, il n'est pas rare qu'on voie des chercheurs se lancer dans une étude du Yoga sans avoir pleinement saisi les principes du Sâ*m*khya, et à cause de cela même, s'arrêter ou se perdre en chemin ; c'est pourquoi nous exposerons ces derniers un peu longuement.

Point de départ : insatisfaction de la condition humaine ordinaire

Le point de départ du Sâ*m*khya comme du bouddhisme se situe dans une prise de conscience du caractère insatisfaisant de la condition humaine telle qu'elle est ordinairement vécue. L'enquête instaurée procède du désir de mettre fin, définitivement et absolument, à « la triple misère existentielle » *(duhkha traya)*, qui est analysée de la façon suivante :

1. Celle qui provient de soi-même *(adhyâtmika)*, comprenant la souffrance mentale aux innombrables formes, comme d'obtenir ce qu'on n'aime pas, ne pas obtenir ce qu'on aime, etc.

2. La misère causée par les autres êtres *(adhibhautika)*, depuis les humains jusqu'aux bêtes sauvages, reptiles, insectes, etc.

3. La misère d'origine céleste *(adhidaivika)* imputable aux éléments atmosphériques (chaleur, sécheresse, froid, tempêtes, cyclones, etc.) et aux influences planétaires.

Ce qui est recherché n'est pas une connaissance abstraite, ayant sa fin en elle-même, mais avant tout *la science qui délivre, qui abolit la misère humaine*. Comme disent les textes, l'enquête n'est pas rendue inutile par l'existence, pour venir à bout de chacun de ces maux, de moyens spécifiques, tels que l'exercice de la médecine, la recherche des sensations agréables (nous dirions « le confort »), et les diverses méthodes pour se protéger contre ce qui est indésirable. Car tous ces remèdes, quels qu'ils soient, sont aléatoires, incertains, temporaires, et ne font que masquer provisoirement la précarité de la condition humaine.

En commençant par constater — afin de la dépasser — l'imperfection de notre expérience immédiate (imperfection qui se manifeste, individuellement et collectivement, sous d'innombrables formes de disharmonies et de conflits), le Sâ*m*khya ne se borne pas à surmonter « l'inclination naturelle à demeurer dans ce qui est plaisant et à ignorer et oublier tout ce qui est désagréable — attitude psychologique par laquelle la volonté de vivre peut subsister en dépit des expériences les plus décourageantes [1] », et qui aboutit souvent à ce que, dans un contexte moderne, on appellerait, pour reprendre l'expression d'un personnage d'Hermann Hesse : « Cette satisfaction, cette santé pacifique, ce gras optimisme bourgeois, cette discipline de l'homme

1. Nyanaponika Thera, *Initiation au bouddhisme*, p. 37. Cette observation s'applique aussi bien au Sâ*m*khya qu'au bouddhisme. Ces deux écoles offrent en de nombreux points des similarités frappantes, et ont sans doute émergé toutes deux d'une tradition commune. Le *Buddha-Carita* d'Açvaghosha (XII) relate comment le Bouddha, avant son illumination, a cherché auprès d'un maître du Sâ*m*khya, Arâda-Kâlama, la parfaite connaissance par laquelle on peut vaincre toute souffrance.

médiocre, normal, vulgaire. » Le Sâ*m*khya ne veut pas perdre de vue le fait que, dans le temps même où nous nous réjouissons d'une expérience heureuse, il y a un nombre incalculable d'êtres vivants qui souffrent, ou dont la vie n'est que lutte. Et il discerne clairement que même le bonheur qui ne se révèle pas, à un examen plus serré, n'être que du plaisir, refuge habituel des êtres contre l'insécurité de la vie, même ce bonheur authentique, si rare, devra inévitablement prendre fin, étant impermanent, et fondé sur des choses impermanentes.

Il ne faudrait pas croire que la misère existentielle *(duhkha)* ne dépend que de conditions matérielles, économiques ou sociales pénibles ; car elle subsiste, identique, dans la prospérité et dans l'indigence, dans une « existence repue, facile et confortable [2] » aussi bien que dans une vie laborieuse et lourde d'épreuves. L'homme peut se rendre compte que, même quand tous ses besoins et ses troubles physiques, mentaux, moraux et financiers ont été éliminés, il demeure toujours en lui une sorte d'inquiétude et d'agitation intérieure, une instabilité, une insatisfaction, un manque, quelle que soit l'ampleur de ses succès extérieurs.

Les récits indiens abondent en histoires de princes et de nobles qui, au faîte de leur puissance et dans toute la splendeur de leur jeunesse, foudroyés par cette compréhension de la précarité de la condition humaine, quittèrent tout pour se mettre en quête du sens ultime de cette vie. Le Bouddha Çâkyamuni n'en est qu'un exemple parmi d'autres, quoique voué à une célébrité exceptionnelle. Libres de toute affliction, de toute pénurie, jouissant à profusion de toutes les joies que pouvait procurer une existence raffinée, ces *kshatriya* [3] ne purent se dissimuler l'évidence fondamentale : l'impermanence de toute expérience. On ne peut s'installer dans cette vie, pas plus qu'on ne bâtit sa demeure sur un pont. Nul n'est à l'abri

2. Julius Evola, *Chevaucher le tigre*, La Colombe, Paris, 1964, p. 39.
3. Membre de la caste royale ou noble.

du vieillissement, de la mort, et pis encore dans l'optique hindoue, de la re-naissance, pour recommencer le cycle, indéfiniment. Prendre appui sur ce qui est fuyant et transitoire, comme si c'était stable et permanent, ne peut qu'aboutir à la déception et à la souffrance.

Même les moyens de salut fournis par la religion officielle, rituelle et sacrificielle, sont considérés par le Sâ*m*khya comme insuffisants. Car l' « immortalité » ainsi obtenue, qui en réalité consiste seulement en séjours prolongés dans des mondes ou des état paradisiaques, est elle aussi impermanente. Une fois l'effet des actes sacrificiels et des actions méritoires épuisé, l'homme retombe de ces paradis et doit à nouveau entrer dans une matrice, pour renaître à une existence assujettie aux limitations corporelles, à la vieillesse et à la mort, vulnérable, soumise au devenir universel. Même les déités [4], quoique sur une échelle de temps immensément plus grande que l'échelle humaine, sont soumises à la transmigration.

« De nombreux milliers d'Indra (prototype du souverain des dieux) et autres dieux, d'âge en âge, avec le temps se sont écoulés, car le temps est insurmontable [5]. »

Mais, pourrait-on objecter, si le Sâ*m*khya se caractérise par une insatisfaction non seulement à l'égard de la condition humaine, où toutes les solutions découvertes pour pallier les maux les plus criants ne font pour ainsi dire que camoufler les fissures de l'édifice, mais à l'égard du monde manifesté dans toute son extension, au point que même la position de souverain de l'univers reste en deçà de son aspiration, comment se fait-il que le contentement *(samtosha)* soit mentionné comme l'une des importantes disciplines *(niyama)* préparant au Yoga ? C'est que l'élan de la recherche n'est pas dirigé vers l'extérieur, vers une amélioration des conditions matérielles, mais en

4. Les mondes célestes *(svarga-loka)* sont habités par les dieux *(deva)* qui, comme les anges du christianisme, bien qu'ils soient au sommet de la hiérarchie des êtres, appartiennent encore au cosmos manifesté.

5. Commentaire de Gaudapâda, *Sâmkhya-Kârikâ*, 2.

profondeur, vers un dépassement de toutes les conditions, et cet approfondissement peut se faire à partir de la situation donnée quelle qu'elle soit ; et, somme toute, qu'elle soit glorieuse ou humble, magnifique ou simple, est assez indifférent au point de vue de la recherche. C'est comme une plongée aux racines de l'être, pour laquelle toutes les énergies sont canalisées et ramassées. C'est pourquoi, comme nous le verrons, une fois remplies certaines conditions élémentaires telle que santé, suffisance de nourriture, etc., tout enrichissement de la condition extérieure est vue comme une diversion par rapport à l'essentiel. D'où la volonté de réduire autant que possible les besoins vitaux, volonté qui se traduit dans la non-possessivité, la continence, et les autres règles de conduite. Il s'agit de se délester au maximum de tout ce qui n'est pas absolument indispensable, de même qu'un explorateur partant pour une longue et périlleuse expédition n'emporte avec lui que le strict nécessaire, et évite toute charge qui ne ferait que le gêner et le retarder.

Détachement négatif et détachement positif

Ce caractère dynamique de l'insatisfaction et du détachement est bien mis en relief par le Sâ*m*khya [6], quand il distingue deux sortes de détachement *(viraga),* littéralement de « désaffection » pour tous les objets des sens.

La première naît du dégoût qu'on éprouve quand on considère les fatigues qu'il faut endurer pour les acquérir, l'inquiétude pour les conserver, la souffrance de les perdre, les dangers qu'ils recèlent en eux-mêmes, le fait qu'en les possédant on en prive autrui, etc. Cette attitude doit inciter à une quête positive. Si elle n'y débouche pas et aboutit seulement à l'abstention, à l'abstinence, celui qui s'en satisfait, croyant avoir atteint la sagesse, s'arrête en

6. Commentaire de Gau*d*apâda aux *Sâmkhya-Kârikâ,* XXIII.

chemin, et elle devient pour lui un piège conduisant à l'indolence, et qui est dénoncé comme tel.

La seconde sorte de détachement, plus rare, se produit spontanément, brusquement, sans laborieuses réflexions sur l'impermanence du monde. Elle naît d'une ardente soif de Délivrance, d'une nostalgie intense de l'état inconditionné. Elle est comme un pressentiment d'une réalité plus haute, qui fait perdre tout intérêt à tout ce qui est autre, et rend même impatient envers tout ce qui n'y conduit pas. Elle fait apparaître l'univers entier « comme l'illusion d'un rêve ». C'est ce que le Vedânta appelle *mumukshutva,* l'impérieux désir de libération.

Ces deux points de départ, que l'on pourrait classifier comme négatif et positif, sont également développés dans l'hindouisme, en proportion variable selon les écoles, tandis que le bouddhisme insiste presque exclusivement sur le premier. Toutefois, correspondant à la seconde attitude, on pourrait rappeler l'avertissement du Bouddha à ses disciples : « Il y a, ô Bhikkhus, un non-né, non-créé, non-engendré, non-formé. S'il n'y avait pas un tel non-né, non-créé, non-engendré, non-formé, il n'y aurait pas de moyens d'échapper à ce qui est né, créé, engendré, formé » ; ainsi que l'importance du *Bodhicitta,* la « Pensée de l'Eveil » ou « Désir de devenir un Bouddha », dans le bouddhisme Mahâyâna.

Quoi qu'il en soit, dans les traditions indiennes, le dégoût vis-à-vis de l'existence ordinaire n'est pas d'ordre sentimental, mais intellectuel. Il ne part pas de déceptions, d'échecs ou de désillusions (quoique, faisant feu de tout bois, il les intègre aussi), mais d'une réflexion systématique sur la nature profonde des choses, d'une investigation sur les conditions de l'expérience humaine, sur ce qu'elles sont et ce qu'elles pourraient être. C'est à cause de ce caractère systématique, méthodique et impersonnel de la démarche Sa*m*khya, s'opposant à l'approche émotive, impulsive et irrationnelle qui appartient, en général, aux voies religieuses, c'est à cause de sa rigoureuse déduction des conséquences à partir des principes entrevus que son champ d'investigation s'étend bien au-delà des modalités ordinaires de l'expérience humaine, et qu'elle aboutit à un dépassement de toutes les formes contingentes de l'être. Elle outrepasse résolument l'existence dans les états « divins », faite seulement de jouissances subtiles et de plaisirs esthétiques : dans cette perspective, une telle existence, justement parce qu'elle est absorbée dans de perpétuels délices, se caractérise par un oubli plus grand de l'essentiel, tandis que l'existence dans les états humains a ceci de bon, au moins, que l'aiguillon de la souffrance y pousse l'individu à chercher une véritable issue. Les trois états créés : humain, sub-humain et divin, sont également insatisfaisants, et le but est de transcender toutes les expériences limitées, tous les états conditionnés, c'est-à-dire le monde manifesté dans toute son extension.

Cela est-il possible ? Pour cela, il faudrait d'abord savoir ce qu'est ce monde manifesté, s'il existe un non-manifesté, et ce qui, en nous, peut connaître le manifesté et le non-manifesté. C'est à cet examen que nous convie le Sâ*m*khya.

Théorie de la causation

La première constatation qui semble s'imposer, c'est que l'univers manifesté dans sa totalité se caractérise par un changement incessant. Le monde est à juste titre appelé en sanskrit l' « en-mouvement » *(jagat)*. Toutes choses subissent continuellement des modifications infinitésimales, et dans la plus brève unité de temps *(kshana)*, il n'est rien qui n'ait changé, même imperceptiblement. Tous les phénomènes, tant physiques que psychiques, sont dans un état de flux perpétuel.

Pour connaître la nature de ces transformations continuelles, le Sâ*m*khya se penche sur la relation de l'effet à la cause. Quelle est au juste la nature d'une transformation ? Il en vient à la conclusion que le produit n'est pas l'apparition d'une substance complètement nouvelle, différente, et sans rapport avec sa cause, mais, au contraire, qu'il doit préexister sous une forme latente en sa cause. Dans le lait, le lait caillé est potentiellement présent, bien que non encore différencié. Il ne peut y avoir aucun effet qui n'ait existé antérieurement, dans un état non manifesté, dans sa cause, puisque rien ne peut sortir de rien, et que les mêmes effets sont produits par les mêmes causes. Ce qui apparaît comme effet est seulement l'émergence de certaines qualités déjà présentes dans la cause, le développement, la venue au jour de ce qui était latent. La cause et l'effet représentent donc respectivement l'état non développé et l'état développé d'une seule et même réalité. Toute production est un développement *(udbhava),* et toute destruction un enveloppement *(anudbhava)* ou résorption dans la cause *(laya).*

La Cause Première

Tout, dans l'univers, est l'effet d'une cause productrice. Si tous les effets sont latents dans leur cause et si l'on veut éviter une régression indéfinie, on doit pouvoir remonter à une Cause Première ou Substance Primordiale *(Pradhâna),* elle-même non causée. A partir du principe de causalité, on peut donc conclure à l'existence d'une source ultime de l'univers manifesté, d'une Substance-Force originelle qu'on ne peut identifier à aucun des stades de la manifestation universelle, chaque stade ne représentant qu'une modification particulière du principe de base. L'évidente unité de l'univers, dont les productions, évoluant et se dissolvant dans un ordre défini, présentent une continuité du plus subtil au plus grossier, confirme l'intuition de cette Source unique.

Toute chose est l'effet d'une cause, et rien ne peut venir de rien : il ne peut y avoir moins dans la cause que dans l'effet ; autrement, le plus qui serait dans l'effet devrait ne provenir de rien et resterait inexplicable. Donc la cause doit nécessairement contenir plus ou au moins de réalité que l'effet ; de sorte que la Cause ultime doit contenir éminemment toute la réalité de tous les effets existants. En elle toute existence déterminée est implicite. Il s'ensuit une compréhension particulière de la « création » de l'univers, qui n'est pas création *ex nihilo,* mais manifestation, déploiement, actuation de ce qui est déjà, latent et indifférencié, dans la Substance-Cause originelle. Dans cette optique, rien de ce qui existe ne peut être détruit. Il n'y a pas destruction, mais retour à l'état non manifesté.

La Substance Primordiale est appelée *Pradhâna,* littéralement « ce qui est posé avant toutes choses », le Fondement. Elle contient en puissance toutes les déterminations. On la nomme aussi *Mûla-Prakrti,* la Nature Primordiale, racine de toutes les manifestations, puis, par abréviation, *Prakrti* tout court. Elle est *avyakta,* le non-manifesté. Elle ne peut être perçue, mais seulement inférée à partir de ses effets, qui constituent l'univers manifesté. La relation entre le manifesté et le non-manifesté, à la fois différents et identiques, est comparée à celle qui existe entre le tissu et les fils dont il est tissé. Le tissu n'est pas une chose et les fils une autre. « Qui voit le tissu, voit les fils. » De même, celui qui voit le manifesté voit le non-manifesté rendu manifeste. Cependant, les deux doivent être distingués. Car tout ce qui est manifesté provient d'une cause et est forcément impermanent, limité, soumis au changement, caractérisé par la multiplicité, contingent, composite, voué à la dissolution. Le substrat non manifesté au contraire est non causé, permanent, omniprésent, stable, un, autonome, homogène, indissoluble. C'est la *Natura Naturans (Prakrti),* la Nature Créatrice, par opposition à la *Natura Naturata (Vikrti),* la Nature créée. De même qu'en ce monde, le potier fabrique des jarres d'une certaine mesure, partout où l'on trouve une mesure on reconnaît l'activité d'un agent. Le fait même que les objets soient limités et que leurs composants soient distincts implique l'existence d'une Mesure limitatrice *(Mâyâ)* [7], ou Cause Productrice *(Prakrti)*.

Les guna de la Prakrti

La *Prakrti* émet l'univers manifesté par le jeu et l'interaction des trois qualités primordiales, des trois « modalités » *(guna)* qui la constituent. Cette théorie des trois *guna* est fondamentale dans toute la pensée indienne, et permet une classification tripartite inlassablement reprise et appliquée à toutes choses. Selon cette conception, l'infinie diversité de l'univers n'est due qu'à des combinaisons, en proportions variées, des trois *guna,* qui tour à tour se dominent l'un l'autre, se supportent, s'activent et se contrebalancent. Ce sont les trois facteurs antagonistes qu'on peut retrouver à l'œuvre dans tous les phénomènes, mais dont l'observation est plus aisée sur le plan psychologique. Le *guna sattva* a pour fonction de manifester, le *guna rajas* d'activer, et le *guna tamas* de limiter et d'obscurcir.

Le *guna sattva* tend à l'illumination, à la manifestation consciente. Psychologiquement, il se traduit comme compréhension, joie et paix, physiquement comme légèreté et pureté. Le *guna rajas* engendre l'activité et le mouvement. Facteur d'énergie, il est à la base de tout effort, de tout labeur, ainsi que de l'agitation et de l'instabilité, et souvent associé à la souffrance. La souffrance, le besoin, le manque incitent à l'effort, et tout effort s'accompagne toujours d'une certaine peine ou impression de difficulté. Le *guna tamas* est le facteur de résistance et d'obstruction, aussi bien à la lumière de la compréhension *(sattva)* qu'au dynamisme du mouvement *(rajas)*. Objectivement, il se manifeste comme lourdeur, densité, obscurité, inertie ;

7. « *Prakrti* (la Cause Productrice), *Pradhâna* (la Substance Primordiale), *Brahman, avyakta* (le non-manifesté), l'essence de la multiplicité, *Mâyâ* (la puissance de limitation), tous ces mots sont synonymes. » (Commentaire de Gaudapâda au *S.K.*, 22.)

subjectivement, comme apathie, indifférence, ignorance ou inconscience.

Sattva a pour fonction de révéler l'être *(sat)* d'une chose ; *tamas* de s'opposer à cette révélation ; *rajas* est la force par laquelle les obstacles sont surmontés et la forme essentielle est manifestée. Toute chose a ainsi sa forme idéale : l'état « sattvique », qu'elle s'efforce de réaliser, et sa condition actuelle, caractérisée par des faiblesses et des défauts qu'elle cherche à surmonter : l'état « tamasique » ; *rajas* est la capacité d'effort qui suppose une résistance à vaincre et permet la réalisation de l'état sattvique. Le Dr Seal, dans *The Positive Sciences of the Hindus,* interprète les trois *guna* comme « essence intelligible, énergie et masse », facteurs constitutifs de tout l'univers. R. Guénon, dans *L'Homme et son devenir selon le Vedânta,* les comprend comme « des conditions de l'Existence universelle », et en donne une définition très pénétrante : « *Sattva* est la conformité à l'essence pure de l'Etre *(sat),* identifiée à la Lumière intelligible ou à la Connaissance, et représentée comme une tendance ascendante ; *rajas* est l'impulsion expansive, selon laquelle l'être se développe dans un certain état et, en quelque sorte, à un niveau déterminé de l'existence ; enfin, *tamas* est l'obscurité, assimilée à l'ignorance, et représentée comme une tendance descendante. » Tous les êtres sont classés selon la prédominance en eux de tel ou tel *guna,* et à la trinité des attributs répond une triple création : « en haut », c'est-à-dire dans le monde des êtres supra-humains ou « dieux » *(deva),* le *guna sattva* est prépondérant. Les *deva* ne perçoivent que les éléments subtils, imperceptibles aux humains, et ne connaissent ni la douleur ni l'obscurcissement des facultés par le sommeil, la stupidité ou la folie, auxquels les humains sont sujets. « A la racine », c'est-à-dire des objets inanimés aux animaux, la création comporte un excès de *tamas* ; mais même là, *sattva* n'est pas absent. « Au milieu », c'est-à-dire dans la condition humaine, le *rajas* prédomine ; c'est pourquoi les humains s'activent et s'agitent sans cesse à la poursuite de leurs buts respectifs. Ainsi, du règne végétal au règne humain, puis divin, on assiste à une diminution progressive de *tamas,* et à un accroissement proportionnel de *sattva.* Mais dans chaque être humain, les trois *guna* s'interpénètrent et se contrarient, formant des caractères variés [8]. Si *tamas* prédomine fortement, nous avons un type humain grossier, ignorant, paresseux. Les hommes en qui *rajas* prédomine sont actifs, passionnés, intrépides. Ils fournissent d'excellents hommes d'Etat, des guerriers héroïques, des hommes d'action efficaces. Ceux en qui le *sattva* culmine appartiennent au type contemplatif, et sont calmes, réfléchis, clairvoyants. Les plus parfaits exemples de ce type se trouvent chez les sages et les saints.

A l'intérieur de l'individualité humaine, on peut encore reconnaître la prépondérance de *tamas* dans le corps, celle de *rajas* dans la force vitale et la vie émotive, celle de *sattva* dans l'intelligence. Dans le corps humain lui-même, *sattva* préside à la tête, *rajas* à la poitrine et aux bras, *tamas* à la moitié inférieure du corps, aux jambes et aux pieds qui jouent le rôle de support, de véhicule, et de serviteurs pour le reste du corps.

Aucun des *guna* n'a le pouvoir d'annihiler les deux autres. Quand l'un des *guna* devient prééminent, les autres, dans la même proportion, deviennent subordonnés. Même dans la matière la plus inerte, le *guna sattva* est présent, quoique entièrement paralysé. Même dans les états psychiques les plus sublimes, le *guna tamas* n'est pas absent, mais maîtrisé, utilisé, canalisé. Le *guna* le plus faible devient associé au *guna* le plus puissant, et il est contraint d'épouser la direction de ce dernier et d'aider à son fonctionnement. L'eau est par nature opposée au feu ; mais lorsqu'elle lui est étroitement associée, elle devient extrêmement chaude, et l'action conjuguée de l'eau et du feu permet la cuisson des aliments. De même, quand l'un des *guna* atteint son plus grand degré de développement, les deux autres lui servent de support et d'adjuvant. Cela

8. C'est pourquoi les *guna* sont le principe de la division de la société en castes *(varna).*

explique que les trois *guna,* bien que doués de propriétés contradictoires, puissent coopérer en vue d'un but unique, comme trois choses aussi dissemblables que la mèche, l'huile de la lampe et la flamme peuvent, lorsqu'elles entrent en contact, œuvrer en commun pour éclairer la pièce.

Le Purusha

Au-delà du dynamisme de l'univers, au-delà même de la Substance Primordiale, c'est-à-dire au-delà du manifesté et du non-manifesté, est le Principe qui s'oppose aux deux premiers en ce qu'il n'est ni cause, ni effet, ni Producteur, ni Produit — nous dirions : ni créateur ni créé. C'est le *Purusha,* le principe de conscience, immuable et éternel. En lui-même immobile et non agissant, il éclaire de sa lumière toute l'évolution cosmique et individuelle.

« Au-delà du non-manifesté est le *Purusha,* omniprésent et " indistinctible ". Quiconque le reconnaît est délivré et atteint l'immortalité [9]. »

« Au-delà du *Purusha,* il n'y a rien, il est l'aboutissement, il est le but ultime [10]. »

Le mot *Purusha,* qui signifie littéralement « l'Homme », désigne l'essence ultime de l'homme. C'est un très ancien terme, qu'on trouve déjà dans un mythe cosmogonique du *Veda,* appliqué à l'Etre Universel, à l'Un originel dont le démembrement sacrificiel, *in initio tempore,* donna naissance à la multiplicité du cosmos manifesté. Dans les *Upanishad,* le mot *Purusha* est utilisé dans cette perspective cosmique, au sens de suprême Divinité, en qui toute la création a son être [11]. C'est le Soi Universel, à la fois immanent et transcendant :

9. *Katha-Up.,* VI, 8.
10. *Ibid.,* III, 11.
11. Cf. *Çvetâçvatara-Up.* De même dans la *Bh. G.,* le sens est le même dans les onze premiers chants et c'est à partir du XIIIe seulement que le mot *Purusha* dénote l'âme individuelle.

« De même que le Feu, qui est un, ayant pénétré le monde, assume autant de formes qu'il existe de formes, de même l'Un, qui est le Soi intime de tous les êtres, assume autant de formes qu'il existe de formes, et est aussi extérieur à elles.

« De même que le Soleil, l'œil du monde entier, n'est pas contaminé par les impuretés extérieures vues par l'œil, de même l'Unique Soi à l'intérieur de tous les êtres n'est jamais contaminé par la misère du monde, étant lui-même en dehors [12]. »

Infini, omniprésent et non agissant, il pénètre toutes choses et réside dans tous les êtres comme leur propre Soi, voyant toutes les œuvres, percevant toutes les impressions. Le *Purusha* est la Conscience-Témoin *(sâkshin),* l'Observateur immobile, qui contemple en silence le mouvement de la *Prakrti.* Jamais il n'entre en action, il n'y a pas non plus de cessation pour lui. L'action appartient aux *guna* de la *Prakrti,* dont il est entièrement distinct et indépendant. Non affecté par aucun désir, non engagé, non souillé, il voit tout, il assiste à tout, sans être impliqué, « comme un ascète errant voit en passant les travaux agricoles des villageois » [13]. Il est le spectateur « qui se tient au centre » *(madhyastha),* équanime, impartial, désintéressé, impassible. Dépourvu de tout attribut, exempt de toute qualité, puisqu'il est au-delà des *guna,* il ne peut jamais être objet d'expérience. Son éternité n'est pas seulement permanence, mais immuabilité et perfection. Sa nature est pure Conscience, qui ne devient connaissance au sens empirique qu'à travers les limitations du corps et de l'intellect imposées par l'association avec *Prakrti.* Il est la Conscience sans commencement ni fin, inaltérable, dont la lumière illumine toute la sphère des pensées, des sentiments et des sensations, le Soi qui est présent aussi bien dans le sommeil profond que dans les états de veille et de rêve, qui donne continuité et cohésion à tous les différents états

12. *Katha-Up.,* II, 2, 9 et 11.
13. *S.K.,* 19.

psychiques. S'il était sujet au changement, la connaissance serait impossible. Il ne dépend de rien, mais les productions de la *Prakrti* dépendent pour leur manifestation de la lumière de *Purusha.*

Preuves de la réalité du Purusha

Quoique la réalité du *Purusha* soit une matière de tradition révélée et d'intuition spirituelle directe, obtenue par les méthodes du *Sâmkya-Yoga,* quelques considérations sont avancées pour aider l'étudiant à acquérir à ce sujet une conviction intellectuelle préalable à l'expérience directe.

1. Tout composé, tout agrégat existe toujours en vue d'autre chose que lui-même. De même qu'un lit, qui est un assemblage de différents morceaux de bois, de draps et de couvertures, n'existe pas pour lui-même, mais en fonction de celui qui y dort, de même le corps, composé des cinq éléments, et le psychisme, composé des facultés mentales et sensorielles, existent pour l'usage du Soi *(Purusha)* qui y réside. Et même si l'on répond que le composé existe en vue d'un autre composé, on ne fait que repousser plus loin la solution, car il faut, tôt ou tard, arriver à une unité, en vue de laquelle le dernier composé envisagé existe.

2. Tous les objets connaissables sont déterminés par les trois *guna*, et présupposent un Soi qui les voit, étant lui-même l'inverse, c'est-à-dire non déterminé par les *guna.*

3. A cause de la nécessité d'un pouvoir qui contrôle et préside, on peut inférer la présence du *Purusha.* De même qu'un char attelé de chevaux avance lorsqu'il est monté par un conducteur, la *Prakrti* entre en action et émet l'univers sous la direction du *Purusha.*

4. L'Esprit *(Purusha)* existe encore parce qu'il faut qu'il y ait un sujet à qui reviennent toutes les expériences, une Conscience pour laquelle toute manifestation est objet d'expérience.

5. Enfin, on constate qu'il y a une tendance générale à s'efforcer vers l'isolement libérateur. Tous les êtres, consciemment ou inconsciemment, cherchent à se libérer de leurs limitations. Les textes sacrés sont là, qui promettent la libération et enjoignent l'activité appropriée à ce but. Les sages s'engagent dans cette activité qui serait stérile si ne préexistait une Réalité, le *Purusha,* qui échappe effectivement aux conditions de l'existence.

Mais quelle que soit la méthode par laquelle on se convainc de la présence du *Purusha,* celui-ci, il ne faut pas l'oublier, ne peut jamais être *objet* de perception ou de connaissance. Il est au contraire « cela qu'on ne saurait voir, mais par quoi les visions sont vues », « cela que la pensée ne saurait penser, mais grâce à quoi la pensée pense [14] », ce par quoi tout est manifesté et qui n'est soi-même manifesté par rien,

L' « influence » du Purusha

Bien que le *Purusha* ne soit ni production ni producteur, c'est son « influence », son activité non agissante qui, au début d'un cycle créatif, met en branle la *Prakrti* et lui fait émettre les mondes. Antérieurement à la manifestation, la *Prakrti* repose dans son indifférenciation primordiale où les trois *guna* demeurent dans un équilibre parfait, se neutralisant mutuellement. Cet état de « suspens », d'union des opposés est l'état naturel de la *Prakrti,* celui dans lequel l'univers disparaît au moment d'une dissolution, et dont il émerge au moment d'une nouvelle création. Car l'évolution est conçue comme cyclique, les périodes de manifestation alternant avec les périodes de résorption, et non pas comme un développement continu dans une seule direction. Au début d'une période cosmique, la simple présence du *Purusha,* agissant comme le « moteur immobile » d'Aristote, rompt l'équilibre des *guna* de la *Prakrti* et provoque

14. *Kena-Up.,* I, 5-6.

la manifestation, qu'il préside et anime tout en lui demeurant essentiellement transcendant. De la « proximité », du « contact » du *Purusha* et de la *Prakrti,* est dite jaillir la manifestation, de même que de l'union d'un homme et d'une femme est engendrée une descendance. L'influence mystérieuse qu'exerce le *Purusha* est comparée à celle d'un aimant qui, tout en restant immobile, met en mouvement les particules de fer.

Le dualisme du Sâ*m*khya

Toute la manifestation cosmique est donc fondée sur cette dualité fondamentale du *Purusha,* le principe transcendant, représenté comme masculin, et de la *Prakrti,* la Substance Primordiale, représentée comme féminine. Cependant cette dualité n'existe que par rapport à la manifestation, elle représente la première division de l'Un en vue de produire la multiplicité du monde manifesté. Cette polarisation de l'Etre principiel est décrite poétiquement dans les *Lois de Manu* : « Divisant son propre corps, le Seigneur devint mi-masculin, mi-féminin [15]. »

On considère souvent que le Sâ*m*khya est dualiste parce que dans son exposé cosmologique il ne remonte pas au-delà de la dualité originelle du *Purusha* et de la *Prakrti.* C'est là une conclusion trop hâtive : même dans sa formulation classique, le Sâ*m*khya ne prétend nullement que la *Prakrti* soit un principe indépendant du *Purusha* [16], au contraire, il affirme à maintes reprises que toute l'activité de celle-ci, soit dans l'émanation, soit dans la dissolution des mondes, n'a de sens que par rapport au *Purusha,* n'a pour but que d'accomplir « les fins du *Purusha* ». Dans les *Upanishad* contenant un enseignement Sâ*m*khya, ainsi que dans la *Bhagavad-Gîtâ,* l'existence séparée de la

15. *Lois de Manu,* I, 32.
16. Par contre il cherche à dévoiler l'indépendance du *Purusha* par rapport à la *Prakrti.*

Prakrti est formellement déniée [17]. Enfin, pour toutes les écoles de Sâ*m*khya, anciennes et classiques, la dualité est initiale, mais non finale, puisque, comme nous le verrons, l'homme délivré des limitations du monde manifesté aboutit à un état où la *Prakrti* « disparaît », est pour lui comme n'existant pas.

Le développement de la manifestation

Le développement de la manifestation à partir du non-manifesté *(avyakta)* jusqu'à la manifestation grossière se fait par étapes successives, chacune de ces étapes étant appelée un *tattva.* La *Prakrti,* investie de puissance créatrice par la simple présence du *Purusha,* émet un principe *(tattva)* qui lui-même en engendre un autre ; ce dernier devient à son tour la cause du principe qui émane de lui, et ainsi de suite, chaque principe procédant du principe supérieur par modification. Ainsi, toute la création est-elle émise comme la manifestation de ce qui est déjà inhérent dans la Cause Première. C'est pourquoi l'évolution et l'involution de la manifestation sont souvent comparées [18] au mouvement d'une tortue qui fait sortir et rétracte ses membres, ou à une araignée qui tisse puis réabsorbe sa toile. Mais, en même temps, tout le processus est établi à l'intérieur de la Cause Première elle-même et ne peut en outrepasser les bornes. Tout ce qui évolue demeure à l'intérieur de la cause et n'en est jamais vraiment détaché, bien qu'il se différencie d'elle en tant qu'effet. Le développement de la manifestation consiste en l'apparition du différencié à l'intérieur de l'indifférencié, du

17. Pour la *Çvetâçvatara-Up.*, la *Prakrti* est « la toute-puissance du Soi Divin » *(devâtma-çakti),* son pouvoir magique ou puissance d'illusion *(mâyâ)* : « Il faut savoir que la Nature est magie *(mâyâ),* que le Souverain Seigneur est Magicien *(mâyin),* et que tout cet univers est rempli de créatures, fragments de Lui-même. »

Pour la *Bh. G.*, la *Prakrti* est simplement l'aspect « non suprême » du Suprême *Purusha.*

18. *Mahâbhârata,* XII, 253, etc.

déterminé à l'intérieur de l'indéterminé, du spécifique à l'intérieur de l'indistinct.

Le *Purusha,* qui est Conscience, assiste en témoin à chacune des étapes de la manifestation, qui n'est pas dérivée de lui, mais uniquement de la *Prakrti,* seule à se transformer et à se modifier. Cela explique que la cosmogonie soit exposée du point de vue du *Purusha* qui en est le spectateur ; c'est-à-dire que l'émergence des mondes est décrite telle qu'elle apparaît à la conscience qui en est le témoin.

L'étude des *tattva* est essentielle à notre sujet parce que ces mêmes étapes de la manifestation cosmique doivent être revécues dans le même ordre, mais en sens inverse, par le *yogin.* Celui-ci doit, pourrait-on dire, remonter le courant créatif et, partant des *tattva* inférieurs, réaliser chaque principe tour à tour, un par un ou groupe par groupe, jusqu'à leur complète résorption dans le non-manifesté. En ce sens les *tattva* sont pour lui une gradation de niveaux dans la pratique du Yoga.

Les tattva

A l'origine de la manifestation, par rupture de l'équilibre des *guna* due à la « proximité » du *Purusha,* le *guna* sattva devient prédominant en *Prakrti,* et la manifestation procède par degrés du plus subtil au plus grossier.

La première production de la *Prakrti* est *Mahat* : « le Grand [Principe] ». Il est appelé « Grand » parce qu'il n'y a pas d'autre principe manifesté qui soit plus grand que lui ; il est d'ordre universel, co-extensif à la manifestation tout entière.

Mahat est parfois identifié avec Brahmâ, le Démiurge, ou Hiranyagarbha, « l'Embryon d'Or [19] », et nous retrou-

19. Représentation mythique de la semence de l'univers, du point central et non dimensionnel *(bindu),* à partir duquel il s'est déployé, du Germe en qui est contenue et déterminée toute la création.

vons là l'idée upanishadique que l'Esprit Suprême, impersonnel, reparaît comme le premier né de la création, prenant forme de la Substance Primordiale [20]. C'est l'Intellect divin dans une propension créatrice ; c'est pourquoi *Mahat* est appelé aussi *Buddhi* : intelligence pure et informelle, supra-individuelle et supra-rationnelle. Substrat de toute intellection et de toute compréhension, *Buddhi* est la base de l'intelligence de tous les êtres, comparée, à cause de sa prédominance en *sattva,* à un ciel lumineux infini. On dit qu'elle est « répartie entre tous les êtres », parce que tous y participent. Mais bien qu'elle appartienne à tous les êtres, elle est elle-même au-delà de l'individualité.

Chez l'être individuel, *Buddhi* se manifeste en particulier comme discernement, comme ce qui reconnaît, détermine et décide. Tandis que le terme *Mahat* exprime l'aspect cosmique de ce *tattva,* le synonyme *Buddhi* se réfère à l'aspect microcosmique, relatif à chaque individu.

La seconde production de *Prakrti,* qui procède directemen de *Buddhi,* est *ahamkâra* : le facteur d'individuation, ou notion du « moi », qui a pour effet d'individualiser le principe intellectuel, L'*ahamkâra* est défini comme la présomption d'être une entité séparée, un « je ». Il introduit dans la conscience l'opposition entre sujet et objet, et, découlant de ce contraste, naît la conviction que « je suis concerné par les objets externes et internes ». Le principe d'individuation est ainsi ce qui pousse à l'erreur fondamentale : la confusion de la Nature *(Prakriti)* et de l'Esprit *(Purusha),* alors que *Buddhi* possède la faculté de discriminer entre la Nature et l'Esprit.

A partir de là, nous assistons à une sorte de bifurcation du processus évolutif. Celui-ci se divise en deux courants qui vont former, l'un l'univers subjectif, l'autre l'univers objectif, dans un rapport de corrélation étroite. Ce dédoublement résulte naturellement de la division créée par l'*ahamkâra* entre un « je » et un « cela ». Du principe d'individuation dominé par le *guna sattva* émanent les

20. *Rg-Veda,* X, 12, 1 ; *M. Bh.,* XII, 311, 3 ; *Vâyu-Pur.,* IV, etc.

onze facultés *(indriya),* formant le monde subjectif ; et du principe d'individuation dominé par le *guna tamas* émanent les cinq qualités sensibles *(tanmâtra),* dont procèdent par la suite les cinq éléments grossiers, formant le monde objectif. Dans l'un et l'autre cas, le *guna rajas* n'entre en jeu que pour activer l'émergence.

Les onze facultés individuelles *(indriya)* comprennent :

• Cinq « facultés cognitives » *(jnânendriya)* : l'ouïe, le toucher, la vue, le goût, l'odorat, ayant leur siège dans les organes correspondants, respectivement : les oreilles, la peau, les yeux, la langue et le nez.

• Cinq « facultés d'action » *(karmendriya)* : la parole, la préhension, la locomotion, l'excrétion et la génération, ayant leur siège dans les organes correspondants, respectivement : la voix, les mains, les pieds, l'anus et le sexe.

• Le *manas,* onzième faculté, qui est la faculté mentale, la pensée. Coordonnant et dirigeant aussi bien les facultés sensorielles que les facultés d'action, il a un rôle centralisateur.

Le *manas* forme, conjointement avec la notion du « moi » *(ahamkâra)* et l'intellect *(buddhi),* ce qu'on appelle le « sens intérieur » *(antahkarana),* par opposition aux dix premiers *indriya* qui sont des « sens externes ».

Ces treize « sens », ou plutôt « instruments psychiques », dont trois sont internes et dix externes, sont comparés à trois sentinelles et à dix portes dans la citadelle de l'homme (les cinq facultés sensorielles correspondant aux portes d'entrée, les cinq facultés d'action aux portes de sortie). Mais l'ordre dans lequel les facultés fonctionnent est inverse de celui dans lequel elles apparaissent ; Vâcaspati écrit : « Tout homme utilise d'abord ses sens extérieurs ; puis il considère (avec le *manas*) ; il fait l'application individuelle, en référant les objets à lui-même (avec l'*ahamkâra*) ; et, enfin, il détermine (avec *buddhi*) [21]. »

21. *Tattva-Kaumudi,* 23.

Du côté objectif, de l'aspect tâmasique de l'*ahamkâra* procèdent les cinq qualités sensibles, qui sont des délimitations de la substance subtile *(tan-mâtra)* en cinq qualités fondamentales : sonore, tangible, visible (incluant forme et couleur), sapide, olfactive.

Ces cinq *tanmâtra* sont les principes respectifs dont procèdent les éléments sensibles ou éléments grossiers *(bhûta)* : l'Ether, l'Air, le Feu, l'Eau et la Terre. Ces cinq éléments, combinant leurs atomes dans des proportions variées, président à la formation de l'univers matériel et du corps humain. On remarquera la complémentarité entre les facultés sensorielles et les qualités sensibles manifestées dans les éléments. Les premières sont les organes de saisie *(graha)* et les seconds sont les aspects de la réalité saisie *(atigraha)* [22].

De même que les *tattva* constituant le domaine subjectif, les différentes modalités du monde objectif (chaque élément et sa qualité sensible inhérente) sont potentiellement reconvertibles l'un dans l'autre dans le sens inverse de leur origination. C'est essentiellement l'entreprise yogique, qui vise à faire retourner chaque principe au principe dont il est issu.

Nous avons donc en tout, à partir de la *Prakrti*, vingt-quatre *tattva* qui se groupent ainsi :

- *Prakrti* est productrice mais non produite (cause).
- *Mahat, ahamkâra* et les cinq *tanmâtra* sont à la fois produits, et producteurs d'autres principes (effets, et causes par rapport à d'autres effets).
- Les cinq éléments grossiers et les onze facultés sont produits et non producteurs (effets seulement).
- Mais *Purusha*, le vingt-cinquième *tattva*, n'est ni producteur, ni produit, ni cause, ni effet.

22. Cf. *Brhad-âranyaka-Up.*, III, 2, 1.

Différents stades de la manifestation a partir de *Prakrti* et en presence de *Purusha*.

Prakrti (ou *avyakta*) → *Mahat* (ou *Buddhi*) → *Ahamkâra*

Purusha

Ahamkâra Sâttvika → 5 facultés sensorielles, 1 faculté mentale

Ahamkâra Râjasa → 5 facultés d'action

Tâmasa → 5 qualités sensibles, 5 éléments

5 facultés sensorielles (*jñanendriya*)	1 faculté mentale (*manas*)	5 facultés d'action (*karmendriya*)	5 qualités sensibles (*tanmâtra*)	5 éléments (*bhûta*)
ouïe (oreilles)		parole (voix)	sonore (*çabda*)	Ether (*âkâça*)
toucher (peau)		préhension (mains)	tangible (*sparça*)	Air (*vâyu*)
vue (yeux)		locomotion (pieds)	visible (*rûpa*)	Feu (*tejas*)
goût (langue)		excrétion (anus)	sapide (*rasa*)	Eau (*ap*)
odorat (nez)		jouissance (sexe)	olfactive (*gandha*)	Terre (*prthivi*)

La conjonction du Purusha et de la Parkṛti

Nous avons vu comment la *Prakṛti* déploie, pour le *Purusha* et devant lui, la manifestation cosmique et individuelle. Un étrange phénomène se produit alors. Le *Purusha,* qui est la Conscience pour qui le non-manifesté devient manifeste, s'identifie en quelque sorte au spectacle qui lui est présenté. A cause de la transparence de la *Prakṛti* dans son aspect sattvique ou *Buddhi,* le *Purusha* s'y réfléchit ; puis il est induit à adopter la notion d'ego *(ahaṃkâra),* nouvelle délimitation de la *Prakṛti.* L'assertion du moi le fait s'identifier aux organes psychiques et le pousse à se considérer comme un sujet, agissant sur le monde qui l'entoure, conçu comme extérieur à lui. A ce stade, le *Purusha,* tel un spectateur entièrement « captivé » par un spectacle, devient captif, ou apparemment captif du monde phénoménal. Il devient le *jîvâtman,* « l'âme vivante » ou soi individuel, la conscience qui, en tant qu'associée aux fonctions psychiques et corporelles, est engagée dans l'expérience, et se caractérise doublement comme « celui qui agit » *(kartṛ)* et « celui qui éprouve l'expérience » [23] *(bhoktṛ).* A cause de cette identification, il subit toutes les souffrances auxquelles l'existence incorporée est sujette, bien qu'il jouisse également de l'éventail indéfiniment varié des expériences positives qu'elle recèle.

Siégeant dans l'individualité comme dans une ville (d'où l'étymologie traditionnelle : *Purusha* = *puri-shaya,* « qui repose dans la citadelle »), le *Purusha* est dit résider dans le cœur ou centre vital de l'être humain. Il est appelé alors « le *Purusha* de la dimension du pouce », pour souligner son aspect microcosmique, par opposition au *Purusha* macrocosmique ou « *Purusha* à mille têtes, mille yeux, mille pieds », où le chiffre mille symbolise l'infini. Ainsi

23. « Le Soi, quand il entre en conjonction avec les facultés sensorielles, motrices et mentale, est appelé par les sages « celui qui recueille les fruits de l'expérience *(bhoktṛ)* » *Katha-Up.,* III, 4.

comprend-on la signification de l'hymne védique [24] : par le Sacrifice originel qui a donné naissance au cosmos, la Conscience infinie, omniprésente et transcendante, qui est l'Un qui existe par lui-même (Svaya*m*bhu), a été ligotée comme un animal sacrificiel *(paçu)* par la corde des trois *guna* à la roue sans cesse tournoyante du devenir, et divisée en autant de parcelles qu'il existe de « consciences » empiriques. L'Etre unique est enseveli dans les êtres mortels, « enclos dans la caverne du cœur ». Ce démembrement est le « péché originel » *(kilbisha)* des dieux (ou forces cosmiques), « péché auquel tous les hommes participent du fait même de leur existence distincte... Par l'acte même où il nous doue de conscience, " il s'emprisonne Lui-même comme un oiseau dans le filet ", et s'assujettit au mal, à la Mort, ou semble du moins s'emprisonner et s'assujettir ainsi [25]. »

Un ou plusieurs Purusha

A ce niveau, on peut parler d'une multiplicité de *Purusha,* chaque *Purusha* étant cette « portion » *(amça)* [26] du Soi Universel qui « prend connaissance d'un champ d'expérience » *(kshetrajña)* [27], c'est-à-dire le principe de conscience qui éclaire de sa lumière un domaine de perception et d'action individuellement déterminé.

En réponse à la question, parfois controversée, de savoir s'il y a un seul ou plusieurs *Purusha,* les *Purâna* enseignent qu'en réalité le *Purusha* demeure identique, « qu'il soit recueilli en lui-même ou manifesté dans les êtres ani-

24. *Purusha-Sûkta* (Rg-*Veda,* X, 90).
25. Ananda Coomaraswamy, *Hindouisme et Bouddhisme,* p. 23 et 37.
26. Dans la *Bh. G.* (XV, 7) la Divinité dit : « Une portion de mon propre Soi, devenue l'être individuel *(jîva)* dans le monde des vivants, s'entoure des cinq sens et du mental, fondés sur *Prakrti.* »
27. « Le Soi est appelé Connaisseur du Domaine *(kshetrajña)* lorsqu'il est associé aux *guna* de la *Prakrti.* Mais lorsqu'il en est dissocié, il est appelé le Soi Suprême » (*M. Bh.,* XII. 6921).

més [28] », de même que le feu et les étincelles qui s'en détachent possèdent la même nature ignée. Dans cette perspective, ces textes attribuent au *Purusha* une série d'épithètes contradictoires telles que : « à la fois manifesté et non manifesté » *(vyaktâvyakta),* « ayant une forme propre à la fois unique et multiple » *(ekânekasvarûpa).* Cependant, dans la mesure où il réside dans les êtres manifestés, le *Purusha* semble soumis à leur ignorance, et participe de leur nature passible. La connaissance de son identité lui demeure voilée et, oubliant ce qu'il est en réalité, il se prend pour cette individualité limitée déterminée par les modes de la *Prakrti.* Du point de vue de la manifestation, il y a plusieurs *Purusha,* en ce sens que le principe de conscience absolue et éternelle préside séparément à l'expérience individuelle des milliers d'êtres particuliers, et apparaît enfermé en ces êtres, conditionné, et entraîné dans leurs pérégrinations.

L'école classique du Sâ*m*khya [29] est réaliste dans la mesure où elle part de la situation empiriquement vécue par l'homme ordinaire, et répugne à accepter d'emblée une vérité ultime (comme celle du *Purusha* unique), qui ne peut être vérité d'expérience qu'au point d'aboutissement de la recherche. C'est dire qu'elle envisage le *Purusha* dans sa condition actuelle d'asservissement et tient compte d'autant de *Purusha* qu'il existe d'êtres incarnés. Elle ne cherche pas à savoir comment cette conjonction des *Purusha* avec la *Prakrti* a commencé.

L'ignorance

Dans l'état actuel des choses, la seule raison qui, pour le Sâ*m*khya, puisse expliquer pourquoi les âmes *(Purusha),* essentiellement libres, sont entraînées et enchaînées dans

28. Madeleine Biardeau, *Cosmogonies purâniques,* I, p. 26.
29. Par opposition au Sâ*m*khya des *Upanishad,* de la *Bhagavad-Gîtâ* et des *Purâna,* qui maintiennent l'unité du *Purusha.*

l'univers de *Prakrti,* est l'ignorance *(avidyâ).* Etant un système avant tout sotériologique, le Sa*m*khya ne cherche pas à savoir ce qui a causé cette ignorance, mais comment y mettre fin [30]. Un homme en train de se noyer ne réfléchit pas sur la nature du faux mouvement qui l'a précipité dans l'eau, mais ne pense qu'aux moyens par lesquels il peut être sauvé [31].

Ce qui caractérise l'homme dans cet état d'ignorance, c'est la non-discrimination entre ce qui, en lui, relève du *Purusha,* et ce qui relève de la *Prakrti.* A cause de cette confusion foncière, il se produit une sorte d'interversion des attributs. Le *Purusha,* qui est immobile, apparaît comme agissant ; et la *Prakrti,* ou plutôt le psychisme et le corps fournis par la *Prakrti,* bien qu'inconscients en eux-mêmes, apparaissent comme conscients. De même qu'un honnête homme, capturé avec une bande de voleurs, est pris lui-même pour un voleur, la *conscience,* dans l'activité des modes de la *Prakrti,* bien que non agissante, paraît active. Quand on dit d'un homme qu'il agit ou qu'il marche, c'est en vertu de cette confusion fondamentale qui fait que l'Esprit, par sa conjonction avec les trois *guna,* apparaît comme agissant. L'homme lui-même ne marche pas, n'agit pas ; ce sont ses fonctions psychiques et corporelles qui accomplissent toute action.

30. Il considère que cette ignorance est « sans commencement », c'est-à-dire que notre vision ne s'étend pas assez loin pour comprendre quand et comment elle a commencé.

31. Analogue est la position du Bouddha qui refuse de se prononcer sur ce problème métaphysique et explique son silence par cette parabole : « Un homme est atteint par une flèche empoisonnée.. Ses amis se hâtent d'amener un médecin. Celui-ci est sur le point d'extraire la flèche de la blessure, quand le blessé s'écrie : " Arrête ! Je ne veux pas qu'on me retire cette flèche avant de savoir qui l'a décochée, si c'est une femme ou un brahmane, un *vaiçya* ou un *çûdra,* à quelle famille il appartient, s'il est petit ou grand, de quelle matière est faite la flèche ", etc. Qu'est-ce qui va arriver ? L'homme va mourir avant qu'on ait pu répondre à toutes ces questions. De la même façon le disciple qui cherche des réponses à toutes ses questions spéculatives risque de mourir avant de connaître la vérité sur la cessation de la souffrance. » (*Samyutta,* 437.)

Inversement, le « corps subtil » *(lingadeha)* ou psychisme manifesté par la *Prakrti,* comprenant tous les *tattva* depuis *Buddhi* jusqu'aux *tanmâtra,* prend une apparence consciente bien que toute conscience dérive seulement du *Purusha* : phénomène comparable à celui de la cruche emplie d'eau chaude, qui paraît chaude, ou de la lanterne qui apparaît lumineuse, alors que toute sa clarté provient non d'elle-même, mais de la source de lumière qu'elle renferme.

Cette non-discrimination est ce qui maintient l'individu dans un état d'asservissement au monde physique et mental. Et l'on peut observer dans l'univers les divers degrés de cet asservissement. L'animal ne fait qu'un avec son environnement, le type inférieur d'humanité est aussi entièrement identifié avec le monde extérieur, et avec ses propres pensées, ses sentiments et ses instincts. Dans la mesure où un homme se raffine, il devient capable de prendre un recul par rapport au monde extérieur et à son propre esprit, d'en être comme le témoin impartial. Il peut observer en lui-même un mouvement d'avidité ou d'irritation, une pensée stupide, ou tout autre événement intérieur, sans être immédiatement emporté par cela. C'est-à-dire que son propre esprit devient pour lui un objet de perception, auquel il ne s'identifie plus tant qu'il demeure dans le Soi, dans la Conscience-Témoin *(Purusha).* Mais chez l'homme ordinaire, cette Conscience-Témoin est très faible, comme inaperçue, et elle ne sert que de support aux expériences diverses où l'homme est engagé. Sa conscience, par l'intermédiaire des facultés sensorielles et mentales, prend sans cesse la forme de l'activité dans laquelle il est engagé. Le but de l'adepte Sâ*m*khya ainsi que du *yogin* sera, par un développement de l'attention, de se placer intérieurement de plus en plus du côté de la Conscience-Témoin, jusqu'à ce que l'aube de la discrimination se lève.

Mais tant qu'il n'a pas opéré ce transfert de son centre de gravité du monde manifesté à ce principe de conscience qui est en lui-même, l'homme demeure dans la dépendance du monde de la forme, gouverné par le désir et la crainte, l'attraction et la haine, la distraction et l'oubli.

Corps subtil et transmigration

Ce qui transmigre, cependant, n'est pas le Soi *(Purusha)*, parce que celui-ci est omniprésent, et ne saurait comporter aucun changement de lieu ni aucune modification. Ce qui transmigre, c'est le « corps subtil » *(lingadeha)* constitué par l'Intellect supérieur *(Buddhi)*, le principe d'individuation *(ahamkâra)*, le mental discursif *(manas)*, les dix facultés de perception et d'action, et les potentialités des éléments sensibles que sont les cinq *tanmâtra*. Cette enveloppe psychique est appelée *linga*, « signe », parce qu'elle contient les caractères spécifiques par lesquels les différents *Purusha* peuvent être distingués. Le « corps subtil »[32] ne devient capable d'expérience que lorsqu'il assume un « corps grossier », formé des éléments matériels et engendré par les parents. A la mort du corps physique, il abandonne ce corps et en revêt un autre. Dans le corps subtil sont emmagasinées toutes les traces des expériences passées, et il ne se dissout qu'au moment de la Délivrance. Tant que le corps subtil est présent, il y a existence incarnée et renaissances perpétuelles.

« Comme un homme échange un vêtement usé contre un neuf, l'être incarné rejette les vieux corps et entre dans de nouveaux[33]. »

« Comme un acteur retiré dans la coulisse en surgit sous la forme tantôt d'un dieu, tantôt d'un homme, et tantôt d'un bouffon »[34], ainsi le corps subtil, s'introduisant dans différentes matrices, revêt diverses formes.

32. Il faut remarquer que ce que nous appelons communément l'« esprit » d'un individu est inclus dans ce que le Sâmkhya nomme le « corps subtil ».
33. *Bh. G.*, II, 22.
34. Commentaire de Gaudapâda aux *S.K.*, 43.

Ce sont les dispositions dont est investi le corps subtil qui déterminent le statut de sa naissance. Ces dispositions résultent des impressions laissées par toutes les actions accomplies précédemment.

Il y a quatre dispositions fondamentales, inhérentes à l'Intellect *(Buddhi)* : ce sont la rectitude [35], la connaissance [36], le détachement [37], et la puissance [38]. Ces dispositions constituent « la forme lumineuse de l'Intellect », manifestée lorsque le *guna sattva* l'emporte sur *rajas* et *tamas* ; et les dispositions contraires — à savoir le mal, l'ignorance, l'attachement et l'impuissance — sont « la forme obscure de l'Intellect », résultant de l'inhibition de *sattva* par *rajas* et *tamas.*

Le caractère dont est pourvu un individu au moment où il entre dans un nouveau corps, dépend de la façon dont ses actes passés ont plus ou moins tendu à promouvoir ou à entraver en lui-même l'action de tel ou tel *guna* ; et le type d'existence vers lequel il va graviter sera déterminé par la proportion dans laquelle les trois *guna* sont présents en lui. Cette proportion est en quelque sorte enregistrée dans le corps subtil, sous la forme d'un faisceau de tendances, et devient la force motrice, l'impulsion

35. La rectitude *(dharma)* est la conformité à l'ordre cosmique, qui consiste pour les êtres à se conformer à la loi qui régit leur nature essentielle. Cette norme, force de cohésion et d'harmonie, est ce qui soutient et maintient chaque être et règle les rapports entre les êtres. La justice et l'éthique n'en sont que des aspects particuliers, appliqués au domaine social et moral. Cette rectitude détermine la naissance dans des mondes supérieurs, tandis que son contraire, étant une force de dissolution, entraîne vers des états inférieurs de l'être.

36. La connaissance est de deux sortes, extrinsèque (comprenant tout le savoir traditionnel), et intrinsèque : la connaissance de la Nature et de l'Esprit.

37. Le détachement est extérieur (non attachement aux objets des sens) ou intérieur (aspiration à la Délivrance).

38. La puissance est la possession des pouvoirs souverains, dits pouvoirs « surnaturels », mais qui en réalité sont les pouvoirs naturels, fondamentaux de *Buddhi* et sont seulement recouvrés grâce au Yoga.

directrice, dérivée de la conduite passée de l'individu, qui conditionne son état présent.

Le karman

L'acte [39] *(karman),* par les conséquences qu'il entraîne, est donc le créateur du caractère de l'individu.

« Tout ce que nous sommes est le résultat de ce que nous avons pensé, est fondé sur nos pensées, est fait de nos pensées.

« Si un homme parle ou agit avec une pensée mauvaise, la souffrance le poursuit, comme la roue du char poursuit le sabot du cheval qui le tire.

« Si un homme parle ou agit avec une pensée pure, le bonheur le poursuit comme son ombre qui ne le quitte jamais. »

Ces vers du *Dhammapâda* répondent à une doctrine universellement acceptée par toute la pensée indienne. La loi cosmique, inhérente à l'ordre des choses, « rétribue » les êtres, non pas par des châtiments ou des récompenses *ex machina,* mais par la stricte application du principe de causalité. L'homme esclave de ses désirs et submergé par l'attachement n'est pas puni par un enfer après la mort de son corps grossier, il est puni par l'obtention même de ses désirs pendant d'innombrables vies, où il reste rivé à un univers d'expériences où son esprit est agité et dispersé, en proie à l'avidité et à la crainte.

Les êtres sont libres d'aller vers les mondes que, par leur manière d'être et d'agir, ils choisissent ; que ce soit des mondes divins, où ils s'absorbent dans la contemplation de la beauté, de l'harmonie et du rythme, ou des mondes démoniaques, voués aux expériences cauchemardesques de la haine et de l'angoisse.

39. Ce mot inclut toute forme d'activité, mentale aussi bien que physique, donc la pensée et les sentiments autant que les paroles et les actions.

Il n'y a rien qui ne soit lourd de conséquences. Chaque pensée, chaque sentiment, chaque acte est un germe qui développera avec le temps les latences qui sont en lui. Le cosmos est un vaste champ *(kshetra)* où chaque conscience individuelle, à travers d'innombrables vies, récolte ce qu'elle a semé. Tout, dans la Nature, a un sens. « Même les inégalités objectives observées dans la création ne s'expliquent que par l'hypothèse d'un principe déterminant. Une chose est ce qu'elle est, non par hasard, mais par nécessité [40]. » En ce sens, *avyakta,* le non-manifesté, est le pouvoir invisible, somme de toutes les potentialités, qui conditionne le destin de chaque être conscient, en manifestant les effets appropriés aux actes de celui-ci. La *Prakrti* possédant en puissance une infinité de formes qu'elle a une tendance inhérente à manifester, chaque acte libère des formes jusque-là renfermées, latentes, en son sein.

Ainsi, selon cette loi de l'acte, les gens qui vont voir — pour prendre un exemple moderne — un film d'épouvante n'éprouveront pas d'autre sanction que celle de déposer dans leur corps subtil des impressions *(vâsanâ)* correspondant aux visions et émotions provoquées ; impressions qui, si elles sont répétées, forment des agrégats et s'organisent en véritables tendances *(samskâra).* Une fois constituées, ces tendances deviennent inéluctablement créatrices, elles sont un réservoir de potentialités destinées à s'actualiser tôt ou tard, dans cette vie ou dans d'autres, et assujettissent l'individu aux types d'expérience qu'elles représentent. Cette série d'effets, s'il s'agit d'expériences abondant en *rajas* et *tamas,* est, du point de vue indien, bien plus grave que la désapprobation ou la colère encourue par un fidèle qui aurait, par un acte déméritoire, « déplu » à son Dieu. Un Dieu peut toujours être pacifié et rendu propice par des rites appropriés ; mais rien ne peut empêcher la série des conséquences de découler des actes accomplis. C'est donc par compréhension de cette

40. Gopinath Kaviraj, *Aspects of Indian Thought,* p. 102.

loi impersonnelle, et dans son propre intérêt, que l'hindou s'abstient d'actes aux conséquences nuisibles, et non pas en considération d'un « autre », que cet autre soit l'Etat garant de l'ordre social ou un Dieu garant de l'ordre spirituel [41].

Le sa*m*sâra

Comment échapper au cycle ininterrompu des actes et de leurs conséquences : tel est le problème crucial, pour le Sa*m*khya comme pour le Yoga. A peine a-t-on fini de subir les conséquences d'actes entrepris dans l'inconscience de leur portée réelle qu'on s'est déjà à son insu engagé dans d'autres actes aux conséquences imprévues. Chaque geste, chaque parole, chaque pensée est le germe d'expériences, et chaque expérience le germe d'actions, si bien qu'on est sans cesse maintenu dans le mouvement des expériences conditionnées, qui est ce qu'on appelle le *samsâra*. Le *samsâra* est la roue de l'existence, le cycle des vies et des morts, le mouvement continuel où nous maintient notre ignorance du Principe. Briser ce cercle est la Délivrance *(moksha)*. Car, « que l'on soit dieu ou minuscule insecte, le fait d'exister dans le temps, d'avoir une durée, implique la douleur » [42].

Il n'y a pas que les actions dites tâmasiques qui mènent à la douleur, parce qu'elles projettent l'être dans des

41. L'épanouissement de la *bhakti* et des mystiques d'amour ne contredit pas cette constatation, l'hindouisme étant déjà établi sur une infrastructure intellectuelle et métaphysique. Cela permettra d'ailleurs à la relation d'amour envers Dieu de conserver sa pureté, et de n'être pas mêlée à des sentiments de crainte, en libérant totalement la Divinité de son rôle de justicier, fonction qui est dévolue à l'ordre même des choses, à la Nature Universelle. Si Dieu est l'axe autour duquel se meut cet ordre manifesté, il n'intervient jamais directement, sauf par amour et dans une fonction salvatrice. Même lorsque Dieu s'incarne pour supprimer un démon, c'est seulement pour délivrer ceux que le démon oppresse (la Terre, Prahlâda, etc.).

42. Mircea Eliade, *Patanjali et le Yoga*, p. 18.

expériences obscurcissantes, avilissantes, passivement subies. Toute action qui prend son départ dans l'ignorance, dans la confusion entre le Soi et le non-Soi [43], a pour effet de perpétuer cette ignorance, et l'enchaînement qui en découle a des états heureux aussi bien que malheureux.

« Dire : " je souffre ", " je veux ", " je hais ", " je connais ", et penser que ce " je " se rapporte à l'esprit, c'est vivre dans l'illusion et la prolonger. Car tous nos actes ou intentions, par le simple fait qu'ils sont justiciables de la *Prakrti,* sont conditionnés et dirigés par le *karman* [44]. » Par cette ignorance, l'Esprit se trouve continuellement identifié au flux de la vie psychophysique.

Et même lorsqu'il s'agit d'identification à des états heureux, il demeure encore une forme subtile de souffrance, à cause de l'impermanence de ces états, du fait qu'on ne puisse trouver en eux aucun havre définitif. Même là, aucun repos, aucune stabilité ne peut être trouvée, car les états heureux résultant d'activités sâttviques, cette activité doit être constamment renouvelée, ce qui implique l'effort et la peine. Sinon, l'effet du bon *karman* s'épuise. Une fois consommés les fruits d'une certaine accumulation de *sattva,* les deux autres *guna,* restreints jusque-là par la domination temporaire de *sattva,* réapparaissent immédiatement. Nul humain ne peut goûter un état de bonheur perpétuel. Son bonheur, jamais absolument pur mais toujours plus ou moins mêlé, est inévitablement interrompu par la résurgence de *rajas,* sous la forme d'importunités et de troubles extérieurs, ou de sa propre fébrilité d'agir, qui reprend l'homme au bout d'un temps donné et ne lui permet pas de jouir indéfiniment d'un état serein. Par ailleurs, les états heureux créent soit une saturation, soit un attachement, une dépendance, par le besoin qu'ils éveillent de les goûter à nouveau. La

43. « L'ignorance consiste à prendre ce qui est impermanent, impur, douloureux et non-soi comme étant permanent, pur, béatitude et Soi. » *Yoga-Sûtra,* II, 5.
44. Mircea Eliade, *Patanjali et le Yoga,* p. 34.

jouissance de ces états, quelle que soit sa durée, est toujours mêlée à la crainte, consciente ou inconsciente, de les perdre. Ainsi même les dieux sont décrits comme vivant dans l'appréhension de perdre leur pouvoir et leur suprématie. Car les états béatifiques engendrés par *sattva* ne sont jamais acquis et statiques, mais demeurent dans le mouvement, soumis au devenir. Ils appartiennent au monde de la *Prakrti,* qui est celui d'un antagonisme perpétuel, d'une lutte sans fin [45], où le triomphe de l'un ou l'autre des *guna* n'est jamais que temporaire et relatif.

La Délivrance

Pour toutes ces raisons, le salut ne consiste nullement pour l'homme en l'obtention d'un état paradisiaque par l'accumulation de *sattva,* mais à passer au-delà du domaine des trois *guna,* y compris *sattva,* à transcender l'ensemble du monde manifesté. C'est une libération, une délivrance *(moksha),* atteinte lorsque aucun potentiel karmique, bon ou mauvais, n'est plus accumulé. L'extinction du mal, l'accumulation du mérite, la purification de l'intelligence et l'augmentation conséquente de *sattva* sont favorables à la libération, mais non suffisants ; ils ont une valeur instrumentale, et non pas finale. La perfection est ce en quoi l'opposition des trois *guna* est transcendée.

45. La vie, règne des dualités, harmonie de tensions, terrain d'affrontement des forces opposées, des « dieux et des démons », est une guerre perpétuelle où aucun résultat n'est jamais définitif. L'existence cosmique, qui apparaît comme un processus de vie, est en réalité un processus de mort. La loi même de la vie veut que chaque organisme ne survive qu'au prix d'une destruction d'autres organismes. Les *Upanishad* déclarent expressément que ce qu'on appelle la vie est l'empire de Yama, le roi de la Mort. L'immortalité recherchée n'est en aucun cas une continuation de cette vie, mais son opposé. Car toute vie n'existe que comme nourriture pour la mort, « vis-à-vis de qui sacerdoce et noblesse ne sont tous deux qu'un plat de riz ». (*Katha-Up.,* II, 25.)

Cette libération n'est possible que par la discrimination, qui est comme un dégagement progressif du principe spirituel, le *Purusha,* enfoui et submergé par la *Prakrti.* Pour mettre fin à la souffrance, l'homme doit découvrir ce qu'il est réellement, discerner son véritable soi de tout ce qui le recouvre et le masque. C'est pourquoi la libération est appelée par le Sâ*m*khya « l'Isolement » *(kaivalya),* au sens d'une véritable opération alchimique, où l'on pratique décantation et dissociation, jusqu'à ce qu'on ait « isolé » un corps pur, irréductible, débarrassé de toutes ses scories.

La discrimination

Par la discrimination, la connaissance s'éveille dans l'Intellect *(Buddhi)* : « rien n'est mien », « ce corps (subtil et grossier) n'est pas mien », « il n'y a pas d'ego », « je suis exempt d'ego ». Cette connaissance pure et absolue, parce qu'elle ne laisse rien qui soit à connaître, révèle la véritable nature du *Purusha,* éternellement distinct de toutes les formations de la *Prakrti,* y compris l'intellect et la notion du moi. Dès que le *Purusha* prend conscience de son indépendance, il cesse d'être soumis au joug de la Nature, qui devient inopérante à son égard. Tous les éléments psychiques et physiques qui étaient imputés par erreur au *Purusha,* se détachent de lui et se résorbent. « Comme une danseuse s'arrête de danser après s'être montrée sur la scène, ainsi la Nature disparaît, après s'être manifestée à l'Esprit dans les différents rôles de l'Intellect, de l'ego, des éléments subtils et grossiers [46]. » Ayant accompli son rôle, ayant été reconnue, la Nature se retire et disparaît. Le spectacle prend fin, et le spectateur retrouve sa véritable identité : éternellement libre, éternellement complet en lui-même, n'ayant aucune relation nécessaire avec quoi que ce soit d'extérieur à lui.

46. *S.K.,* 59.

La vérité suprême se fait jour : « L'Esprit n'est ni lié, ni libéré, ni transmigrant, c'est la personnalité produite par la Nature qui, sous des aspects divers, était liée, transmigrait, est libérée [47]. » Lorsque cette vérité ultime a été réalisée, toutes les modifications de *Buddhi* sont dissoutes, et seul demeure le *Purusha,* reposant dans sa propre essence. Quand le *Purusha* est rétabli dans sa véritable nature, la connaissance discriminative elle-même disparaît, comme un médicament qui, après avoir guéri la maladie, est lui-même éliminé. Tout processus cognitif cesse, et seule subsiste la Conscience absolue, le *Purusha* établi en lui-même.

La double fonction de Buddhi

Le paradoxe est que la discrimination libératrice soit opérée par *Buddhi,* qui forme l'élément principal du psychisme *(antahkarana).* Cette même *Buddhi,* lorsqu'elle est tournée vers l'univers extérieur, assume, par l'intermédiaire des facultés, la forme changeante des impressions, des actions et des pensées diverses, et demeure agitée et instable. Le mouvement de la vie lui-même, qui engendre une précipitation continuelle, est ce qui empêche de discerner la réalité, ce qui entraîne l'esprit et l'empêche littéralement de se ressaisir. Mais, à force d'expériences et de pérégrinations, il se dégoûte de l'expérience conditionnée et aspire à la Délivrance. Alors *Buddhi,* purifiée et calme, mûrie par la réflexion sur les principes, se retourne vers le *Purusha* et par son pouvoir de compréhension, d'intelligence et d'éveil, le reconnaît pour ce qu'il est véritablement. Cette recognition du Principe, à elle seule, met fin à toute confusion et à toute souffrance. Mais l'ignorance comme la discrimination appartiennent à *Buddhi* et non au *Purusha.* L'Esprit, qui, tout en restant éternellement identique et immuable, semblait avoir suivi l'être indivi-

47. *S.K.,* 62.

duel dans son asservissement, est toujours demeuré absolument inaffecté, non souillé, non touché par le bien et le mal. Si le *Purusha* est apparu comme affecté ou troublé, cette apparence était due à l'enveloppe psychique à laquelle il était associé jusqu'au temps de la Délivrance — comme la lune que nous voyons reflétée dans l'eau semble agitée, déformée, fractionnée par le mouvement de l'eau, alors que la véritable lune, source de notre vision, est immobile. Ainsi la Délivrance est un changement de perspective. Lorsque la vraie perspective est rétablie, aucune trace de cette association ne demeure sur le Soi, puisque le contact n'était pas réel. De même qu'un cristal laisse voir une fleur rouge par transparence, sans lui-même devenir rouge pour autant, à aucun moment le *Purusha* n'a cessé d'être lui-même.

Lorsque *Buddhi,* par le développement de *sattva,* recouvre sa pureté originelle, consistant en Rectitude, Connaissance, Détachement et Puissance, en elle s'élève l'intuition de la réalité qui restaure le Soi à lui-même. *Buddhi* peut donc opérer dans deux directions opposées : dans l'une, elle fonctionne pour procurer au *Purusha* la jouissance de l'univers matériel et mental, et tient en réserve pour lui une infinité d'expériences possibles, toutes conditionnées ; dans l'autre, elle fonctionne pour la Délivrance du *Purusha.* Ces deux orientations sont les deux finalités que le Sâ*m*khya reconnaît à la Nature universelle. *Prakrti* enchaîne l'être individuel dépourvu de discrimination, et l'éloigne de la connaissance de son identité réelle en le projetant de plus en plus dans l'identification et la dispersion ; et elle libère celui qui possède la sagesse discriminative, l'amenant jusqu'au seuil de la réalisation. Même lorsqu'elle attache l'individu, elle laisse toujours la voie ouverte pour un retour. La possibilité de se dégager est toujours présente : « L'enchaînement n'est pas dans la nature des choses. » Opérant selon les cas comme *Mâyâ* : illusion, ou comme *Buddhi* : éveil, puissance d'obscurcissement ou de révélation, *Prakrti* est à la fois la cause de l'ignorance et de la connaissance, terrible ou rédemptrice selon l'orientation de l'être. En dernière instance, toutes les activités de l'homme sont dirigées soit vers la jouissance des expériences *(bhoga),* soit vers le détachement envers celles-ci et la paix *(tyâga).* Parmi les quatre buts de l'existence humaine distingués par la pensée indienne, les trois premiers : le plaisir *(kâma),* le gain *(artha)* et la rectitude *(dharma),* sont orientés dans la première direction, celle de la « jouissance » [48], tandis que le quatrième but, la Délivrance *(moksha),* est orienté vers la Paix. Et comme jouissance et expérience sont l'antécédent nécessaire de la Délivrance, sur laquelle elles doivent tôt ou tard déboucher, il s'ensuit que la finalité de tout mouvement et de toute activité est cette Délivrance. C'est « l'événement unique vers lequel toute la création est en marche » [49]. Toute l'instabilité, l'insatisfaction et l'agitation qui caractérisent le comportement humain n'arrivent à un terme que lorsque ce but suprême est accompli. Le point final de l'évolution, pour chaque individu, est atteint lorsqu'il réalise la nature essentielle de son propre soi. Toute l'activité de la Nature n'existe qu'en fonction de cet achèvement. La réalisation du « but ultime de l'homme » *(purushârtha)* est la raison d'être de la continuation du monde manifesté. Dès qu'un homme a atteint ce but, le monde manifesté se résorbe pour lui dans le non-manifesté, dans la matrice primordiale. « La libération de l'homme libère en même temps un fragment de la matière, en permettant à celle-ci de faire retour à l'unité primordiale dont elle a procédé [50]. » Mais cela, seulement pour cet homme, car il y a d'autres êtres incarnés *(jîvâtman)* qui sont encore en chemin, les uns poursuivant les jouissances terrestres, d'autres s'efforçant vers la connaissance salvatrice. Pour tous ces êtres, l'univers

48. La « jouissance » *(bhoga)* est à entendre dans un sens large, comme incluant toutes les formes d'expérience ; penser, parler, agir sont « jouissance », autant que voir, entendre, sentir, etc.
49. Cf. Gopinath Kaviraj, *Aspects of Indian Thought,* p. 101.
50. Mircea Eliade, *Patanjali et le Yoga,* p. 50.

manifesté doit continuer. Et leur nombre étant indéfini, il ne viendra jamais un temps où il n'y aura plus de monde manifesté, objectif [51]. Ce qui n'empêche nullement les dissolutions périodiques de l'univers, suivies de re-création où tous les êtres sont remis en possession de leur *karman* respectif.

L'athéisme du Sâ*m*khya ?

On parle parfois de « l'athéisme » du Sâ*m*khya, et la seule différence doctrinale qui existerait entre Sâ*m*khya et Yoga, serait que le premier n'envisage pas l'existence d'un Dieu suprême, tandis que le second admet que Dieu *(Içvara)* puisse être pris comme objet de concentration. Cette remarque ne peut s'appliquer qu'au Sâ*m*khya classique, et non au Sâ*m*khya plus ancien : pour le *Mahâbhârata,* les *Purusha,* existant en mode distinct tant qu'ils sont en association avec la *Prak*r*ti,* retournent, quand ils sont libérés, au vingt-sixième principe ou Dieu, qui est le suprême *Purusha.* Mais même en ce qui concerne le Sâ*m*khya classique, la discussion de son prétendu athéisme est oiseuse. En effet, en tant que réflexion méthodique, le Sâ*m*khya cherche à se dispenser de toute notion dont l'acceptation serait article de foi [52] ; mais il est évident que le *Purusha,* d'après les descriptions qu'on en fait dans les textes Sâ*m*khya, a tous les caractères du principe divin en l'homme. C'est une pure et parfaite présence, non divisée par la division des choses, non affectée par les conflits de la manifestation cosmique, existant à l'intérieur de tous les êtres. Le principe divin n'est pas conçu comme extérieur à l'homme, mais recherché en lui-même, ce qui est d'ailleurs en conformité avec le thème central des *Upanishad* : l'identification de l'essence ultime de l'homme

51. *Y.S.,* II, 22.

52. Vijnânabhikshu considère que le Sâ*m*khya se présente comme athéiste pour prouver que sa validité ne dépend pas d'une hypothèse théiste.

(âtman) à l'Etre Absolu pénétrant tout l'univers *(Brahman).* La conception de la pluralité des *Purusha* n'est pas non plus une objection valable, car cette conception ne s'applique qu'aux « soi » incarnés, et a une valeur empirique jusqu'à la Délivrance. La vie et la mort, les diverses expériences, l'esclavage et la libération, n'appartiennent pas en réalité au *Purusha,* mais aux agrégats psychiques et matériels avec lesquels il est identifié. Le Soi est sans attributs, sans qualités, non composé, impérissable, immuable, absolument non agissant et impassible. Tout changement, toute qualification, toute détermination appartiennent à *Prakrti.* Puisque tous les *Purusha* ont la même nature de conscience, liberté et omniprésence, une fois libérés de leur association avec la *Prakrti* il n'y a pas la moindre différence entre un *Purusha* et un autre. Dans l'absolu et après la Délivrance, les *Purusha* sont exempts de toute différenciation, et il n'y a aucune raison de continuer à leur attribuer une distinction et une multiplicité. Il est seulement vrai de dire que du point de vue de l'être manifesté, non libéré, les *Purusha* paraissent distincts.

Mais le fondement de cette imputation d'athéisme réside probablement dans le fait qu'en Occident la notion de Dieu est inséparable de celle de Créateur. Or, pour le Sâ*m*khya, le *Purusha* n'est pas directement impliqué dans la création, bien qu'il y préside. La fonction de manifestation, préservation et dissolution, au niveau macrocosmique et microcosmique, est tout entière dévolue à la *Prakrti.* Le *Purusha* demeure absolument transcendant, même lorsqu'il est conjoint à la *Prakrti* et immanent au monde manifesté. Mais n'oublions pas les liens mystérieux qui unissent cette *Prakrti* au *Purusha* : mise en branle par sa seule présence, elle inaugure le mouvement cosmogonique. En toutes choses, c'est pour lui qu'elle agit. Elle déploie les mondes pour son plaisir, et les résorbe pour sa libération. Telle une servante désintéressée ou un ami oublieux de soi-même [53], elle trouve son propre accomplissement dans le

53. *S.K.,* 60.

service du *Purusha* [54]. C'est pourquoi le Sâ*m*khya épique regarde *Purusha* et *Prakrti* comme les deux modes d'une même réalité, dont l'un représente l'aspect stable et l'autre l'aspect modifiable. Le Sâ*m*khya est réaliste en ce qu'il prend pour point de départ la dualité qui est à la base de notre univers manifesté. Cependant il aboutit à un état où la *Prakrti,* comme principe évoluant, n'existe plus pour l'esprit libéré. La vision de l'unité était l'objet final de cette quête. La « disparition » de la *Prakrti,* non expliquée mais seulement illustrée par quelques métaphores suggestives comme celle de la danseuse qui se retire, ou de la jeune fille pudique, surprise par les regards, qui se cache, nous rappelle qu'un des noms de la *Prakrti* est *Mâyâ* : la magie ou puissance d'illusion.

Dès que l'illusion est reconnue, elle s'évanouit [55]. La Nature est la grande séductrice, qui maintient tous les êtres incarnés sous son charme, sa sujétion et sa juridiction. Dès que le sujet conscient s'éveille, le jeu cosmique s'évanouit. La *Prakrti* disparaît, se résorbe *(layati)* [56], elle est réabsorbée dans son principe, le pouvoir d'extériorité est réintégré dans l'immuable, le Principe Féminin est reconduit au Principe Masculin [57], la dualité est abolie et seule demeure l'unique Réalité.

Fonction sotériologique de la Connaissance

La conclusion du Sâ*m*khya, acceptée comme prémisse par le Yoga et par tous les autres courants spirituels

54. L'interprétation postérieure des Tantra, qui repose probablement sur des traditions non écrites, est toute naturelle : la *Prakrti* est en réalité la puissance de manifestation du *Purusha* Suprême, sa *Çakti,* à la fois cause matérielle et efficiente de l'univers.

55. Ce point de vue est celui qui est principalement développé par l'*Advaita-Vedânta.*

56. Sur cela sera fondé le *Laya-yoga* : Yoga de la résorption.

57. Dans le langage du Çivaïsme et des *Tantra,* Çakti est réunie à Çiva.

indiens, c'est qu'ultimement la seule cause de la misère humaine est l'ignorance *(avidyâ)*. La dégradation et la souffrance ne sont pas dues à un péché originel ni à un châtiment divin, mais uniquement à l'ignorance de soi-même. Cette ignorance n'est évidemment pas une quelconque ignorance, l'absence de connaissance ou de savoir ordinaires, puisque, au contraire, c'est à cause d'elle que la connaissance et le savoir ordinaires peuvent se déployer et prospérer. La relation habituelle que l'homme entretient avec le monde et l'idée qu'il a de lui-même sont entièrement fondées sur cette ignorance métaphysique qui est ignorance de la nature réelle du *Purusha,* toujours confondu avec la *Prakrti*. Seule la connaissance des réalités ultimes *(jñâna)* est salvatrice.

La méthode

Pour ce qui est de la méthode permettant d'atteindre cette Connaissance, le Sâ*m*khya propose seulement l'étude intellectuelle de la vérité et la réflexion permanente sur les principes de la doctrine, jusqu'à l'éveil de l'intuition discriminatrice. Il met en garde le disciple contre les nombreuses manières de se satisfaire à bon compte *(tushti),* et dénonce en particulier quatre formes de complaisance intérieure :

1. Se reposer sur la *Nature* elle-même, attendre qu'elle fasse tout le travail pour faire surgir la connaissance libératrice.

2. Se fier aux *moyens extérieurs,* par exemple : « Quelqu'un, sans avoir compris les principes, s'empare des moyens de l'ascète et pense que la Délivrance provient du triple bâton, de la cruche et autres accessoires. Lui non plus n'atteint pas la Délivrance [58]. »

3. Compter sur le *temps* : « Bah ! avec le temps, j'obtiendrai bien la Délivrance. A quoi bon l'étude des

58. Commentaire de Gau*d*apâda aux *S.K.*, 49.

principes [59] ? » Celui qui pense que la Délivrance viendra d'elle-même, dans son propre temps, lui non plus ne l'atteint pas.

4. S'accommoder de son état, en pensant que la Délivrance est une question de *chance,* qu'elle vient parfois tôt, parfois tard, avec ou sans effort, selon la chance de chaque individu. Pour celui qui se satisfait ainsi, il n'est pas de Délivrance.

La seule voie indiquée par le Sâ*m*khya est la méditation ininterrompue sur les principes de la doctrine, grâce à l'enseignement oral d'un maître, avec le support des textes traditionnels, et l'aide d'amis authentiques qui ont compris la vérité. Dans cette voie, même le détachement est insuffisant, s'il est dépourvu de connaissance.

Cette voie, appelée par la *Bhagavad-Gîtâ* [60] le Yoga du Sâ*m*khya, constitue le premier enseignement que K*r*sh*n*a dispense à Arjuna envahi par le découragement au milieu du champ de bataille. Et l'*Içvara-Gîtâ,* pendant çivaïte de la *Bhagavad-Gîtâ,* déclare :

« Je viens de vous exposer le Sâ*m*khya, gnose suprême, qui contient l'essence de toute la partie finale du *Veda.* Y concentrer sa pensée, c'est le Yoga [61]. »

59. *Id., ibid.*
60. Chapitre II, première partie.
61. II, 40.

III. LE YOGA CLASSIQUE NOMMÉ YOGA DE PATAÑJALI (*PÂTAÑJALA-YOGA*) OU YOGA ROYAL (*RÂJA-YOGA*)

Dans le *Mahâbhârata,* Sâ*m*khya et Yoga sont opposés l'un à l'autre comme deux voies, non pas contradictoires, mais complémentaires :

« Il n'y a pas de Connaissance comme le Sâ*m*khya, pas de Pouvoir comme le Yoga [1]. »

Si bien que l'un ne peut être mené à perfection sans l'autre :

« Du Yoga naît la Connaissance, de la Connaissance naît le Yoga. Pour qui possède Yoga et Connaissance, il n'y a rien d'autre à obtenir [2]. »

L'école classique du Yoga, qui constitue à elle seule un *darçana* (« point de vue », mode d'approche de la Réalité Absolue), s'appuie en effet sur les fondations jetées par la doctrine Sâ*m*khya, et, en retour, elle élabore la méthode restée embryonnaire dans le Sâ*m*khya.

Le texte de base de cette école — et le plus ancien document systématique que nous possédions sur le Yoga — est le traité de Patañjali, *Yoga-Sûtra* [3] : « Aphorismes du Yoga ». C'est une sorte d'aide-mémoire destiné

1. *Mokshadharma,* XII, 304, 2.
2. *Içvara-Gîtâ,* II, 41.
3. Des *sûtra,* littéralement « fils conducteurs » sont des aphorismes ou formules mnémoniques d'un laconisme extrême.

aux étudiants de Yoga, d'une telle concision qu'il serait sans doute indéchiffrable pour nous s'il n'était développé par de nombreux commentaires. On n'est pas certain de l'époque qu'il faut assigner à Patañjali. Certains savants, comme Liebich, Garbe, S.N. Dasgupta, Jvala Prasad, Mircea Eliade, acceptent l'identification faite par les commentateurs indiens, de Patañjali avec le grand grammairien du même nom, qui vécut au IIe siècle av. J.-C. D'autres comme Woods, Jacobi et A.B. Keith, contestent cette identification et pensent que les *Yoga-Sûtra* ne datent que du IIIe ou même du Ve siècle de notre ère. Quoi qu'il en soit, Patañjali n'est pas un innovateur, mais n'a fait que codifier la tradition du Yoga antérieure à lui.

Les principaux commentaires qui expliquent et amplifient son enseignement sont les suivants :

1. *Yoga-Bhâshya* de Vyâsa (VI-VIIe siècle apr. J.-C.). Commentaire le plus important, faisant autorité.

2. *Tattvavaiçâradi* de Vacaspati Miçra (IXe siècle).

3. *Râjamârtanda* du roi Bhoja (1018-1060).

4. *Yogavârttika* et *Yogasârasamgraha* de Vijñânabhikshu (XVIe siècle).

5. *Maniprabha* de Râmânanda Sarasvati (XVIe siècle).

Les adeptes du Yoga ne croient pas, comme ceux du Sâmkhya, qu'une étude intellectuelle de la vérité suffise à faire jaillir la Connaissance. Une telle connaissance est à leurs yeux vouée à rester théorique, à demeurer impuissante devant l'emprise des tendances, à être étouffée par les latences emmagasinées dans le subconscient, qui, en s'actualisant continuellement, maintiennent l'homme dans l'expérience conditionnée. Il faut un élément de force pour conquérir la Connaissance, car celle-ci ne peut se révéler que dans un esprit *(Buddhi)* parfaitement stabilisé et maîtrisé. Une discipline pratique est nécessaire, procédant par degrés, pour établir le *yogin* dans l'entière maîtrise de toutes ses modalités psychiques et corporelles. *Buddhi* est intrinsèquement sâttvique ; cependant, à cause des tendances et impressions accumulées depuis un nombre indéfini d'existences, elle est déchue de sa pureté innée. Il faut une méthode efficace pour décaper ce dépôt, cette sédimentation obscurcissant *Buddhi* ; le feu du Yoga est requis :

« Le feu du Yoga brûle rapidement, complètement cette cage, qui constitue le mal. D'où connaissance claire, immédiatement réalisatrice du *nirvâna* [4]. »

La compréhension ne suffit pas. Il faut déployer une énergie active, héroïque, pour mettre fin à l'asservissement.

Pour se libérer de la Nature, il faut la connaître et la contrôler. S'il est permis d'emprunter cette comparaison à la technique moderne, de même que pour échapper à la pesanteur, il faut connaître ses lois et les maîtriser de manière à pouvoir sortir de son emprise et y revenir à son gré, de même le *yogin* veut être le maître de la sortie hors du monde manifesté, comme du retour à ce monde [5].

Les facteurs de servitude (kleça)

En outre, selon l'argumentation du Yoga, l'ignorance qui nous enchaîne n'est pas seulement l'erreur métaphysique, de nature intellectuelle. Si, à la base de tout, se trouve cette erreur foncière qui est l'incapacité de discerner l'Esprit de la Nature, cette ignorance prend aussi des formes concrètes, positives, entraînant sans relâche l'individu dans le mouvement de l'activité psychologique. Les quatre formes actives, manifestes, de la « nescience » sont :

4. *Içvara-Gîtâ,* XI, 2. Le mot *nirvâna* : cessation du devenir, de l'existence conditionnée *(samsâra),* est un terme commun à la tradition hindoue et bouddhiste.

5. Chaque fois que le *yogin* entre en *samâdhi* il opère une sortie, il échappe au monde conditionné et lorsqu'il en émerge c'est une redescente dans le monde de la forme.

1. Le sentiment d'individualité ou ego *(asmitâ)*. C'est l'aspect de l'ignorance qui consiste à considérer ce qui n'est pas le Soi comme étant le Soi. Il cause l'identification du Soi avec les instruments de cognition, dont *Buddhi,* le principe cognitif intérieur, est le premier. De là cette croyance : « c'est moi qui pense », « c'est moi qui vois », « je suis ce corps », etc.

Cette identification préside à toutes les modifications mentales et à toutes les actions, et engendre l'égoïsme, l'infatuation en face du succès (« je suis puissant », « je suis intelligent », « j'ai réussi », etc.) et l'abattement en face de l'insuccès (« j'ai échoué », « je suis malade », « je suis blâmé », etc.).

2. L'attachement *(râga),* aspect de l'ignorance qui consiste à s'identifier aux expériences de plaisir, se forme par suite de la mémoire des objets qui ont procuré des impressions agréables.

3. L'aversion *(dvesha),* aspect de l'ignorance qui consiste à se complaire dans des états misérables, se produit à la suite de la mémoire des expériences pénibles. Elle provoque un désir de s'opposer, de résister, de se venger.

4. La peur de la mort ou tendance à se cramponner à la vie *(abhiniveça)*. Toutes les créatures ont cet appétit : « que je ne sois jamais non existant ! », « que je sois toujours vivant ! ». Cette anxiété est présente même chez les insectes dès le premier instant de leur naissance, elle est commune aux hommes les plus stupides et aux plus intelligents. Existant indépendamment d'expériences, de perceptions ou d'éducation relatives à la mort durant la vie présente, cette crainte instinctive est, pour la pensée indienne, la preuve que l'expérience de la mort, avec toutes les souffrances qui l'accompagnent, a été vécue auparavant, d'innombrables fois. L'animal, le savant et le fou ont les mêmes impressions latentes du caractère douloureux de la mort. Le fait de s'agripper à la vie est ignorance, parce qu'il implique la croyance en la perma-

nence des choses transitoires ; et son autre facette, la crainte de l'annihilation, est ignorance, parce que le Soi est en réalité immortel.

Ces formes manifestées de l'ignorance sont appelées « sources d'affliction » *(kleça)* parce qu'aux yeux du *yogin* elles aboutissent toujours ultimement à des expériences douloureuses. Toutes les expériences sont soit plaisantes, soit pénibles, soit neutres. La majorité des êtres fuient le malheur et recherchent le bonheur. Pour le *yogin,* même le bonheur n'est pas désirable. Toute expérience de bonheur vient de la jouissance d'un certain objet d'attachement, soit animé (femme, famille, etc.), soit inanimé (maison, richesses, etc.). Il s'ensuit un *karman* fondé sur l'attachement, qui produit le plaisir dans l'immédiat et la peine à la longue. De même que du bonheur naît l'attachement, du malheur naissent la haine et le ressentiment. De l'attachement comme de la haine viennent l'effort, et de l'effort résulte l'action sous toutes ses formes. De l'action, l'accumulation d'impressions subconscientes, qui détermine le type de naissance, la longueur de vie et la sorte d'expériences où l'individu devra à nouveau être engagé. Ainsi tourne constamment la roue des naissances. Or, l'esprit du *yogin,* dit Vyâsa (le commentateur des *Yoga-Sûtra*), est sensible comme la prunelle de l'œil : comme une toile d'araignée, tombant dans l'œil, l'irrite et le blesse, tandis qu'elle laisse indemne les autres parties du corps qu'elle vient à toucher, de même la souffrance de l'impermanence de toutes choses affecte le *yogin* et non les autres hommes.

Tant que demeurent assemblés ces quatre facteurs produisant les *vâsanâ* [6] — l'ignorance, qui est la cause ; les impulsions et les tendances, qui sont le résultat ; l'esprit

6. Les *vâsanâ* sont les traces laissées dans la « matière » psychique par les actes et les expériences. Elles veulent dire littéralement « parfumage » parce qu'on les compare à l'odeur demeurant dans un vase même lorsque son contenu s'est évaporé. Les *vâsanâ* s'organisent en *samskâra,* constructions psychiques inconscientes.

fluctuant, qui est la base ; et les objets d'expérience, qui sont le support —, les *kleça* sont sans cesse productifs, et il n'y a pas de raison pour que la roue cesse de tourner. L'ignorance *(avidyâ)* est leur fondement, leur « terrain de culture », qu'ils soient dormants (imperceptibles, mais se manifestant lorsque l'occasion se présente), atténués (par la pratique des vertus), interrompus (par une affection opposée, comme la colère par l'affection, et vice versa) ou actifs (en pleine manifestation). C'est pourquoi Vyâsa fait remarquer que, de même que l'inimitié *(a-mitra)* n'est pas seulement absence d'amitié, mais vraiment hostilité, de même l'ignorance *(a-vidyâ)* n'est pas seulement absence de Connaissance, mais présence de notions fausses et contraires à la vérité. « Ces facteurs de servitude sont à la racine de nos actes et de leurs fructifications d'existence en existence... En sorte que pour réaliser son idéal de stabilité intérieure, le *yogin* doit d'abord compter avec un instrument psychologique et physique profondément indiscipliné, dont l'activité fluctuante tend à l'anarchie et à la dispersion sous toutes leurs formes : erreurs perceptives, doute, incapacité de faire effort dans le sens de la spiritualité ou d'y persévérer, et dans le corps lui-même, mauvaise régulation des rythmes biologiques et particulièrement du plus fondamental, du rythme respiratoire [7]. »

Ces « facteurs de servitude » ne peuvent être annulés par une simple connaissance théorique. Il faut pour les détruire un effort soutenu, guidé par une technique experte : c'est là le rôle du Yoga qui, dans un premier temps, travaille à desserrer leur étreinte, à les atténuer, par une pratique yogique s'exerçant en sens opposé à l'activité soumise à leur emprise ; dans un deuxième temps, les rend improductifs, comme des grains rôtis qui ne peuvent plus germer ; puis les dissout complètement par l'immobilisation parfaite de l'esprit dans le *samâdhi.*

7. Olivier Lacombe, dans *Etudes carmélitaines,* oct. 1937, p. 167.

Définition pratique du Yoga

Le Yoga est donc le contrôle des activités de l'esprit, qui s'étend depuis la simple maîtrise des opérations mentales jusqu'à la suppression complète de toutes les modalités de la fonction psychique. C'est la définition pratique [8] qu'en donne Patañjali au début des *Yoga-Sûtra*. Le Yoga est la capacité d'arrêter à volonté, de supprimer totalement *(nirodha)* tous les mouvements, modifications, fonctionnements *(vrtti)* de l'organe psychique, de l'esprit au sens ordinaire du terme *(citta)* [9]. Le Yoga vise non seulement à la suspension de toutes les idéations, mais aussi à l'abolition de tous les états de conscience conditionnés. C'est seulement lorsque la restriction *(nirodha)* est totale, que l'agent de la vision, le Témoin *(Drshtr)*, cesse de s'identifier aux processus mentaux, d'être conditionné par le flux de la vie psychophysique, et qu'il est établi dans sa nature propre, qui est la Conscience absolue et inconditionnée.

Les fonctionnements ou modalités du psychisme *(vrtti)* qu'il s'agit de restreindre sont en nombre illimité, mais se ramènent à cinq catégories :

1. Cognition juste *(pramâna)*, découlant principalement de trois moyens : la perception, l'inférence ou le témoignage valide.
2. Cognition erronée *(viparyaya)*, comprenant toutes les erreurs, confusions, illusions perceptives, etc.
3. Imagination *(vikalpa)*.
4. Sommeil *(nidrâ)*.
5. Mémoire *(smrti)*.

8. *Yogaç citta-vrtti-nirodhah*, I, 2.

9. Le mot *citta* correspond, dans la tradition du Yoga, à ce que le Sâmkhya appelle *antahkarana*, « l'instrument intérieur » (par opposition aux facultés de sensation et d'action qui sont externes) c'est-à-dire le psychisme individuel formé de l'Intellect *(Buddhi)*, du sens d'individuation *(ahamkâra)* et de la faculté mentale *(manas)*. Ce même ensemble est appelé *manas* dans un sens large par le Vaiçeshika (un autre *darçana*) et par la tradition postérieure du Yoga.

La méthode

Pour maîtriser toutes ces *vrtti,* la méthode consiste en détachement *(vairâgya)* et exercice assidu *(abhyâsa)* de la discipline yogique.

Le détachement, au début de la pratique, ne peut être que partiel et provisoire, car, dans sa forme accomplie, il présuppose une Connaissance totale. Le détachement initial vient d'une prise de conscience du caractère insatisfaisant de la vie ordinaire, et, avec la purification mentale engendrée par la pratique yogique, il se parfait peu à peu, si bien que les objets ne provoquent plus d'attraction ni de répulsion, n'excitent plus d'intérêt égoïste, mais se révèlent dans leur véritable nature. Ils sont vus impartialement, impersonnellement, tels qu'ils sont en eux-mêmes. Le détachement suprême, qui vient au terme de la pratique, est une absolue clarification de la connaissance, dans laquelle ne subsiste plus la moindre trace d'un sentiment de privation ou d'incomplétude. C'est l'apaisement et le sentiment d'accomplissement du *yogin* qui, ayant réalisé le Soi, comprend : « J'ai atteint tout ce qu'il y a à atteindre [10]. »

10. Commentaire de Vyâsa aux *Y.S.*, I, 16. Le détachement suprême, libération de tous les liens qui nous soumettent à l'existence sa*m*sârique est puissamment évoqué par le chant de triomphe du Bouddha après son illumination :

« Innombrables sont les demeures de la vie
qui m'ont retenu enchaîné,
cherchant inlassablement celui
qui avait élaboré les prisons des sens, tissues de déception.
Pénible et longue fut ma lutte
Mais maintenant, je sais qui tu es, toi,
architecte de ce tabernacle !
Jamais plus tu ne relèveras ces murs de douleur.
Tu ne bâtiras plus tes abris de mensonge,
ni n'ajouteras de nouveaux chevrons à l'édifice !
Détruite est ta maison, rompue
la poutre de faîte, façonnée d'illusion !
Je l'outrepasse, et libre enfin,
j'obtiens la Délivrance ! »

L'exercice assidu ou effort répété est l'autre aspect essentiel de la pratique yogique, impliquant énergie, enthousiasme et persévérance. Il ne devient fermement établi que lorsqu'il est continué constamment et avec ardeur durant un temps suffisamment long. Pour le Yoga, toute la faiblesse mentale des hommes vient de leur incapacité à retenir leurs intentions justes fermement fixées dans l'esprit. Mais si les fluctuations mentales sont surmontées, l'homme devient capable de fixer son esprit sur une résolution, et la force de l'esprit s'accroît en même temps que le calme. L'apogée de la puissance mentale est atteinte lorsque l'on peut fixer son esprit sur tout sujet voulu avec une concentration totale. Pour le Yoga, tous les conseils, toutes les directives des livres religieux et philosophiques sont inutiles, quelle que soit leur pertinence, tant que l'homme est incapable de les suivre à cause de sa faiblesse mentale. C'est par faiblesse mentale que l'homme a peur de la mort, qu'il tombe continuellement d'un état dans l'autre, étant « vécu » par ces états, soumis à eux, et non le maître de ce qu'il pense et vit. Seule l'application prolongée, régulière et fervente aux exercices yogiques permet de développer la force mentale nécessaire à la libération. La rapidité des résultats obtenus dépend de l'intensité de l'énergie déployée : le *yogin* porté par une aspiration impétueuse prend de l'élan à mesure qu'il avance, tandis que celui qui est modéré ou tiède ne progresse que lentement. Mais même en ce cas, « sur cette voie, nul effort n'est vain, nul obstacle ne prévaut. Même un peu de ce *dharma* délivre de la grande peur » [11].

Les huit étapes du Yoga

La pratique du Yoga comporte huit étapes, qui sont littéralement les huit « membres » ou aspects du Yoga *(ashtânga-yoga)*.

11. *Bh. G.*, II, 40.

LE YOGA EN HUIT PARTIES (ASHTANGA-YOGA)

5 « membres externes »

I. YAMA (Refrènements)

Non-violence *(ahimsâ)*	Vérité *(satya)*	Non-vol *(asteya)*	Continence *(brahmacarya)*	Non-possessivité *(aparigraha)*

II. NIYAMA (Observances)

Purification *(çauca)*	Contentement *(samtosha)*	Effort sur soi *(tapas)*	Etude *(svâdhyâya)*	Consécration à Dieu *(Içvara-pranidhâna)*

III. ASANA (Posture)

IV. PRANAYAMA (Discipline du souffle)

V. PRATYAHARA (Retrait des sens)

3 «membres internes »

VI. DHARANA (Fixation de l'attention)

VII. DHYANA (Continuité de concentration)

VIII. SAMADHI (Enstase)

Les deux premières étapes constituent le fondement préalable à toute pratique yogique. Si cette base n'est pas sûre, la pratique ultérieure risque d'être instable, interrompue ou pervertie.

I. YAMA : LES REFRÈNEMENTS

Les « refrènements » *(yama),* mot qui vient d'une racine YAM signifiant brider, dompter, tenir en main, se réfèrent à la maîtrise des impulsions naturelles, inhérentes à tous les êtres vivants, communes à l'homme et à l'animal [12]. Les refrènements ne sont pas particuliers au *yogin,* puisque tout homme est tenu de les pratiquer dans une certaine mesure ; mais le *yogin* doit les porter à leur perfection, ce qui demande un courage héroïque. Ils débouchent alors sur des pouvoirs extraordinaires *(siddhi).* Les *yama* sont au nombre de cinq :

1. *« Ne vouloir infliger aucun mal à aucun être vivant » (ahimsâ)*

Cette règle implique non seulement l'abstention de meurtres et d'actes de violence, mais aussi de nocivité en pensées, en paroles ou en actions.

Une telle obligation a pour fonction d'extirper la modification mentale *(vrtti)* nommée aversion, fondée sur l'ignorance, et dont la haine est la forme principale, en la remplaçant par la pratique inverse, à savoir la bienveillance et la bienfaisance à l'égard de tous les êtres. Cette

12. Cf. *Manu,* V, 56 : « Manger de la viande, boire du vin, s'unir sexuellement ne sont pas des péchés, ce sont les tendances naturelles des êtres créés. Mais l'abstention de ces actions produit des résultats remarquables. » De même *M. Bh. Çantiparvan,* 294, 29 : « Manger, dormir, avoir peur, s'accoupler est le lot commun aux hommes et aux animaux. Régler ces actes est ce qui différencie l'homme de l'animal, et ceux qui ne sont pas gouvernés par les règles de l'éthique *(dharma)* peuvent être considérés comme des animaux. »

discipline de « non-violence » est la principale de toutes, et les autres *yama* n'ont pour but que de la consolider, de la raffiner et de la rendre parfaite. Elle suppose comme attitude sous-jacente la reconnaissance de l'unité de toute vie et de la présence cachée du Soi dans tous les êtres, même les plus inférieurs [13].

C'est un fait bien connu en Inde que « l'exercice de cette qualité permet à l'ascète de méditer impunément dans la jungle, l'attaque des animaux féroces contre l'homme n'étant imputable qu'à l'atmosphère de peur, de haine et d'agressivité qui émane habituellement de ce dernier » [14].

Cependant, la vie étant partout présente, même dans les végétaux, il est impossible d'exister sans détruire des formes inférieures de vie. Comme dit le héros Arjuna dans le *Mahâbhârata* :

« Il y a dans ce monde tant de créatures minuscules, invisibles à l'œil nu, mais dont l'existence peut être prouvée, que rien que par un battement de paupières, leurs corps sont détruits [15]. »

Aussi le vœu d'*ahimsâ* ne réside pas vraiment dans l'application littérale et absolue du précepte de ne pas détruire la vie, à la limite impossible tant que le *yogin* est vivant ; « l'inoffensivité » se mesure plutôt au degré selon lequel l'homme réussit à vider son esprit de toute intention hostile et de toute animosité inconsciente à l'égard des êtres créés de toutes les espèces. Lorsqu'il a éliminé de ses actes et de ses pensées toute motivation agressive et toute indifférence conduisant à la cruauté, le *yogin* cultive un esprit d'amitié et de sympathie pour toutes les créatures. Il est évident qu'il s'abstient, autant qu'il lui est possible, d'infliger des dommages aux plantes et aux

13. Cf. O. Lacombe, *Gandhi ou la Force de l'âme*, Desclée de Brouwer.

14. Dr Thérèse Brosse, « Le Yoga et la civilisation contemporaine », étude dans *Approches de l'Inde*, Cahiers du Sud, p. 315.

15. *Çantiparvan*, 15, 26.

animaux, et qu'il respecte en particulier la vie des animaux supérieurs, dont le psychisme est plus développé. Mais « pour expier la mort des créatures qu'il détruit inintentionnellement le jour ou la nuit, il suffit à l'ascète de se baigner et d'accomplir six suspensions du souffle *(prânâyâma)* » [16].

L'obligation du respect de la vie n'est pas particulière aux *yogin* ; c'est l'un des cinq éternels principes éthiques [17] enjoints dans les *Lois de Manu,* pour toutes les castes et, en particulier, pour les brahmanes : « La non-violence est le suprême devoir, la plus haute religion » *(ahimsâ paramo dharma*h*).* Toutefois, Manu envisage des restrictions en certaines occasions, ou pour certaines occupations. Pour sa propre défense, ou pour protéger des femmes ou des brahmanes (eux-mêmes non violents), on peut sans hésiter tuer un assaillant, sans commettre aucune faute. Manu considère que dans une telle occasion, celui qui tue n'est pas coupable de meurtre, c'est le malfaiteur qui est tué par sa propre injustice. D'autre part, si dans la société tous deviennent inoffensifs, comment la caste des guerriers pourra-t-elle subsister ? Et si les guerriers viennent à disparaître, le peuple n'aura plus de protecteurs, et n'importe qui pourra détruire ou opprimer n'importe qui. Le devoir propre aux guerriers est donc le recours à la force selon un code bien défini.

Similairement, il incombe au roi d'infliger avec justice et discernement le châtiment à ceux qui l'ont mérité. S'il ne le faisait pas, le fort tyranniserait le faible, « le corbeau mangerait le gâteau offert aux dieux, le chien lécherait les viandes sacrificielles, la propriété ne resterait avec personne, et les inférieurs usurperaient la place des supérieurs » [18]. C'est la fonction des règles de l'éthique *(dharma)* de décider en quelles occasions le recours à la violence est juste et licite, et de clarifier les cas douteux.

16. *Manu,* VI, 69. — 17. *Manu,* X, 63. — 18. *Manu,* VII, 24.

Mais si, pour les autres hommes, le précepte de non-violence comporte des exceptions, pour le *yogin,* il doit être pratiqué d'une manière impérative et absolue en tout temps, en tout lieu et en toute occasion. C'est déjà la règle que Manu avait établie pour les ascètes :

« Le brahmane qui quitte sa maison pour devenir un ascète donne une garantie d'immunité à toutes les créatures.

« Qu'il supporte patiemment les paroles dures, qu'il n'insulte personne, qu'il ne devienne l'ennemi de personne pour l'amour de ce corps périssable.

« Contre un homme en colère qu'il ne manifeste aucune irritation en retour, qu'il bénisse quand il est maudit [19]. »

Le *yogin* doit s'abstenir de faire du mal même à celui qui l'attaque, et ne pas chercher à défendre sa vie au prix d'autres vies. Ainsi, il peut effrayer un serpent pour le mettre en fuite, mais non le tuer.

Le végétarisme découle naturellement du principe d'*ahimsâ.* Déjà Manu déconseillait, en règle générale, la consommation de la viande :

« Celui qui tue des êtres innocents dans un désir de plaisir égoïste n'atteindra jamais le bonheur, ni en cette vie ni après la mort, tandis que celui qui cherche à ne pas causer les souffrances de la capture et de la mort aux créatures vivantes, mais désire le bien de toutes, obtient un bonheur illimité.

« Ayant bien considéré l'origine de la viande, et la cruauté d'attacher et d'abattre des êtres incarnés, qu'on s'abstienne entièrement de manger de la viande [20]. »

Et pour que la division des tâches ne crée pas un sens d'irresponsabilité, Manu prend soin de préciser :

« Celui qui permet l'abattage des bêtes, celui qui tue l'animal, celui qui débite sa chair en morceaux, celui qui

19. *Manu,* VI, 39 et 47-48. — 20. *Manu,* V, 45-46 et 49.

l'achète, celui qui la vend, celui qui en prépare un repas, et celui qui la mange, tous sont au même titre des tueurs d'animaux [21]. »

Pourtant, la consommation de la viande est tolérée pour la caste noble et guerrière *(kshatriya)* dont la loi d'action comporte un certain degré de violence, et pour les castes inférieures, dont on ne peut exiger qu'elles exercent un empire sur leurs appétits. Mais elle est absolument interdite à la caste sacerdotale des brahmanes, dépositaires de la science traditionnelle et détenteurs du sacré, sauf dans un seul cas : lorsqu'un animal est rituellement offert en sacrifice aux dieux. Manu explique que sacrifier n'est pas tuer ; l'animal qui a donné sa vie dans un sacrifice védique renaît dans des sphères d'existence supérieures, et le sacrifice est une bénédiction à la fois pour la victime et pour le sacrificateur. Un brahmane qui officie n'a pas le droit de refuser sa part de la viande de la victime, si celle-ci a été sacrifiée avec les rites et les formules appropriées ; par contre, il serait criminel de sa part de chercher à manger la viande d'un animal en dehors d'une cérémonie sacrificielle, sans ce motif religieux. Pour une telle transgression, il est moralement condamné à souffrir « autant de morts violentes que sa victime a de poils sur le corps ». Toutefois, bien que le meurtre d'un animal pour le sacrifice ne puisse être légalement reproché, le prestige du précepte de non-violence était tel que de plus en plus, on eut tendance, du moins dans les hautes castes, traditionnellement végétariennes, soit à remplacer la victime par une effigie en pâte, soit à la relâcher rituellement sans la tuer, soit à substituer d'autres formes de rituel n'utilisant que des ingrédients végétaux et des offrandes d'eau, de beurre fondu, d'encens, de lumières, etc. A plus forte raison pour le *yogin,* chez qui, en principe, le culte est entièrement mental, se nourrir de chair animale est exclu, fût-ce à l'occasion d'un sacrifice.

21. *Manu,* V, 51.

Lorsque la non-violence est parfaitement établie, toute inimitié cesse en présence du *yogin,* et les êtres qui l'approchent ne peuvent conserver aucun sentiment hostile.

2. « *Ne pas s'écarter de la vérité* » *(satya)*

Obligation non seulement vis-à-vis d'autrui, mais vis-à-vis de soi-même : faire correspondre sa parole et sa pensée à la vérité. La Vérité a été particulièrement exaltée dans la tradition indienne depuis les *Veda,* qui affirment que c'est elle qui gouverne le firmament, la terre, l'air, le cosmos tout entier. Le *Mahâbhârata* va jusqu'à dire : « Si le mérite d'un millier de sacrifices *açvamedha* était placé dans la balance en regard (du mérite) de la vérité, c'est encore la vérité qui pèserait le plus lourd [22]. » Manu est formel :

« Toutes les activités humaines sont effectuées grâce à la parole, il n'y a pas d'autre moyen que la parole pour la communication des pensées, donc l'homme qui souille la parole, source et fondation de toutes les activités, en étant déshonnête en ce qui concerne son propre langage, on peut dire qu'il devient du même coup le spoliateur de toutes choses [23]. »

Pour le *yogin,* il ne s'agit pas seulement d'éviter les mensonges flagrants, mais de s'appliquer à une correcte appréhension des faits, exempte de toute distorsion pour des motifs d'intérêt ou d'amour-propre. Enfin, comme le souligne Jean Varenne [24], « le futur *yogin* doit s'efforcer d'accorder ses actes avec ses paroles et ses pensées ». Par le précepte de véracité, le *yogin* doit s'interdire toutes les exagérations, les prétentions, les équivoques, les demi-vérités, et développer un pouvoir de vision claire et directe, excluant le vague, la confusion, l'embrouillement des pensées et des paroles. Il doit perdre tout intérêt pour la litté-

22. I, 74, 102.
23. IV, 256.
24. *Upanishads du Yoga,* Gallimard, coll. Unesco, p. 37.

rature fantaisiste et fictive et pour les propos creux et superficiels, et ne s'occuper que d'affermir son esprit dans la vérité [25].

La vérité doit toutefois être maniée avec précaution et délicatesse. Elle ne doit jamais être proférée, dit Vyâsa, s'il en résulte un mal infligé aux créatures, mais seulement dans un but bénéfique. Si des paroles ont un semblant de justice, mais blessent autrui, elles n'engendrent que mal et démérite. Le *Mahâbhârata* à ce propos donne à plusieurs reprises l'exemple des bandits de grand chemin. Si vous avez vu plusieurs personnes échapper des mains de brigands et se cacher quelque part, et que les brigands qui les poursuivent, l'épée à la main, vous demandent ou vous somment de dire où sont cachés ces gens, direz-vous la vérité ou sauverez-vous la vie de ces innocents ? « Si vous pouvez vous en tirer sans parler, ne dites rien. Mais s'il est nécessaire de parler, ou si, en ne parlant pas, vous risquez de provoquer des soupçons dans l'esprit de ceux qui vous interrogent, eh bien ! dire un mensonge s'est avéré, après mûre délibération, bien meilleur que de dire la vérité [26]. » De telles situations sont des exceptions à la loi de la Vérité, dans lesquelles « plutôt que la vérité littérale, il faut dire ce qui conduit au plus grand bien de tous, parce que ce en quoi réside le plus grand bien de tous est, à mon avis, la vraie Vérité » [27]. Mais même en dehors de ces situations d'exception, la vérité ne doit pas être communiquée sans discrimination ; la règle d'or est donnée par Manu : « Ne parle pas à moins qu'on ne te pose une question, et si la question est incorrectement ou indûment posée, ne réponds pas. Que le sage, même sachant la vérité, demeure muet comme s'il était un idiot [28]. » Car

25. Ce *yama* se prolonge dans le *satyagraha* institué par Gandhi (le vœu d'adhérer coûte que coûte à la vérité).
26. *Çantiparvan,* 109, 15-16. Cf. aussi *Karnaparvan,* 69, 61.
27. *Ibid.,* 329, 13.
28. *Manu,* II, 110.

la Connaissance adresse cette prière à quiconque la détient : « Je suis ton trésor, préserve-moi, ne me confère pas à quelqu'un qui me méprise [29]. »

Lorsque le *yogin* est parfaitement véridique, sa parole devient chargée de puissance, et tout ce qu'il dit doit s'accomplir infailliblement.

3. « *Ne pas s'approprier illégalement ce qui ne vous appartient pas* » *(asteya)*

Cette obligation comprend l'abstention du vol, et même de la convoitise sous forme de désir. Tout ce que possède un homme lui appartient parce qu'il l'a gagné, peut-être dans une vie passée, et nul n'a le droit de l'en déposséder. Il ne faut pas prendre ce qui n'est pas donné, ce qu'on n'a pas obtenu par des moyens justes, ou ce à quoi on n'a pas droit étant donné son statut et sa fonction. Par ce refrènement, on maintient sa propre dignité.

Lorsque le *yogin* est parfaitement établi dans la non-appropriation, les trésors affluent vers lui de toutes parts. Les donateurs s'estiment heureux de pouvoir lui offrir le meilleur de ce qu'ils ont, et en tout lieu, l'élite des êtres est attirée vers lui.

4. « *La continence* » *(brahmacarya)*

Non pas que l'union sexuelle soit un péché ; elle est au contraire réglée par les lois du *dharma,* et portée à la dignité d'un rituel ; mais le *yogin* veut préserver la totalité de son énergie sexuelle, pour l'utiliser à des fins supérieures. Par l'abstinence sexuelle, cette énergie est transmutée, tandis que par « la chute du sperme », le pouvoir de concentration est amoindri. Le sens originel du mot *brahmacarya* est « marcher avec le *Brahman* », « vivre avec le sacré », et ce mot désignait la période, dans la vie d'un brahmane, où il se consacrait exclusivement à l'étude des *Veda,* aux pieds d'un précepteur. La chasteté faisait

29. *Manu,* II, 114.

partie des disciplines exigées de l'étudiant brahmanique, au même titre que le contrôle des autres organes de sensation et d'action ; car, « quand un seul des organes échappe au contrôle, la sagesse d'un homme s'échappe de lui, comme l'eau s'écoule à travers un seul trou dans l'outre d'un porteur d'eau. Mais s'il maintient tous ses dix organes ainsi que son esprit sous sa sujétion, il atteindra tous ses buts, sans infliger à son corps aucune austérité pénible [30]. » La maîtrise de la fonction sexuelle implique la maîtrise sur les autres facultés de perception et d'action, car il ne s'agit pas seulement de s'abstenir d'actes sexuels : « Y penser, en parler, en plaisanter, regarder avec insistance, parler en secret, se résoudre, essayer et exécuter sont les huit manières de s'adonner à l'activité sexuelle. Ceux qui cherchent la libération doivent pratiquer l'opposé. »

Lorsque la continence est bien établie, une énergie puissante est acquise.

5. *Ne pas être possessif (aparigraha)*

Ce refrènement a pour but de mettre fin à la poursuite des objets de jouissance et de pouvoir. L'homme a une tendance à amasser indéfiniment les biens matériels, et le temps et l'énergie gaspillés dans l'acquisition et la préservation de biens superflus sont dérobés à la pratique yogique. Le *yogin* doit s'abstenir d'accumuler les possessions et ne garder que ce qui est nécessaire au maintien de sa vie. Ce précepte incite aussi à la générosité, surtout envers les personnes de valeur et en particulier son *guru*, auquel il doit faire don, réellement ou symboliquement, au moment de l'initiation, de lui-même et de tout ce qu'il possède.

Lorsque la non-possessivité atteint sa perfection, la clairvoyance du *yogin* devient telle qu'il peut connaître ses existences passées.

30. *Manu*, II, 99-100.

II. Niyama : Les observances

Les « observances » *(niyama)* constituent la deuxième étape du Yoga. Tandis que les *yama* étaient de forme négative et portaient principalement sur l'harmonisation des rapports de l'homme avec la société humaine et le monde des êtres vivants en général, les *niyama* sont de forme positive et constructive et visent à l'organisation de la vie intérieure, personnelle. Imposer des limites au comportement extérieur n'est pas suffisant, il faut restructurer la personnalité profonde au moyen de cinq « observances », qui doivent être pratiquées régulièrement, jour après jour.

1. *La purification (çauca)*

Le corps d'un homme ordinaire est inapte à la pratique du Yoga. Celui qui veut être un *yogin* ne doit pas seulement s'astreindre à la propreté corporelle externe, mais procéder à la purification intérieure de ses organes, par la régulation correcte de son mode de vie. La force, la clarté et la subtilité de la pensée dépendant en grande partie de la qualité du corps, le *yogin* a besoin d'un corps harmonieux et pur, qui soit un instrument à la fois sensible et solide. Tout d'abord les boissons alcooliques sont exclues, car elles créent une perturbation mentale et contribuent à la grossièreté physique. Une grande attention est donnée à la nourriture. D'une manière générale, on distingue trois types de nourriture, selon l'effet produit sur l'organisme : « La nourriture sâttvique est celle qui contribue à la longévité, l'intelligence, la force, la santé, le bonheur et l'humeur allègre, qui est savoureuse, onctueuse, substantielle et réjouissante. La nourriture amère, acide, trop salée, brûlante, épicée, desséchée, irritante, celle qui engendre la douleur, les désordres physiques et mentaux est râjasique. La nourriture tâmasique est celle qui a perdu sa valeur (cuite depuis plus de trois heures), qui est insipide, fétide, réchauffée de la veille, les restes laissés par quelqu'un, la nourriture polluée [31]. » Le régime du *yogin* doit être essentiellement sâttvique. Sont recommandés plus particulièrement : les céréales (blé, riz, orge, etc.), toutes les formes de lentilles, le lait, le beurre clarifié *(ghî)* et tous les produits laitiers, les fruits, le miel, les légumes en forme de fruits, et la pure eau de pluie. Les nourritures excitantes et violentes (râjasiques), et celles qui sont altérées, corrompues, et même simplement conservées (tâmasiques), la viande, le poisson, ainsi que les excès de table, sont à éviter. Le *yogin* ne doit jamais remplir son estomac plus qu'aux trois quarts, et « laisser un quart vide pour la circulation de l'air » [32].

Si cela est nécessaire, le *yogin* pourra recourir aux procédés de nettoyage interne *(kriyâ)* qui sont devenus la spécialité du *Hatha-yoga,* comme le nettoyage des fosses nasales avec un linge, les lavements, etc.

Enfin, la purification intérieure se poursuit par l'exclusion des pensées et des émotions indésirables, et leur remplacement par des pensées et des émotions nobles et subtiles. Quand les pensées pures naissent naturellement, au point qu'il devient aussi difficile et pénible pour le *yogin* d'entretenir une pensée basse et grossière, qu'il est difficile à l'homme ordinaire de conserver plus d'un instant un état d'esprit raffiné et élevé, la pureté peut être considérée comme acquise. Une autre méthode employée est l'utilisation des *mantra* (formules sacrées) et des prières, invocations, récitations, etc. Mais là encore la pureté recherchée est plus une pureté fonctionnelle qu'une pureté morale. La purification est conçue comme l'élimination des facteurs et conditions qui empêchent le véhicule psychophysique d'exercer ses fonctions parfaitement et d'être un instrument adéquat et maniable pouvant servir efficacement tous les buts du *yogin.* Cette purification permet au *yogin* d'être « en pleine possession de ses moyens ».

31. *Bh. G.*, XVII, 8-10.
32. Cf. *Hathayogapradîpikâ,* I, 58 à 63.

2. *Le contentement (samtosha)*

Le contentement est la capacité du *yogin* de tirer toujours une plénitude de joie de ce qu'il a et de ce qu'il est, sans qu'aucune épreuve extérieure ni aucune difficulté intérieure ne puisse lui ôter sa sérénité. Il doit apprécier ce qu'il a, trouver sa suffisance dans le peu qu'il possède. De même que pour se préserver des épines, il suffit de porter des chaussures, sans qu'il soit nécessaire de tapisser le sol entier avec du cuir, de même c'est par le contentement qu'on atteint le bonheur, et non en pensant : « Je serai heureux quand j'obtiendrai ce que je désire », car les désirs n'ont pas de fin. Par le contentement, le *yogin* crée en lui-même un foyer de béatitude qui rayonne et influence tout son environnement. Ce contentement ne doit pas succomber devant la moindre contrariété, et il demande une égalité d'esprit dans le succès et dans l'échec :

« Quand un homme, ô Pârtha, chasse de son esprit tous les désirs, et qu'il est satisfait dans le Soi par le Soi, on le dit alors stable en sa compréhension.

« Celui dont l'esprit ne chancelle pas dans l'adversité, qui, dans les plaisirs, ne cherche pas à s'y cramponner, celui qu'ont quitté attraction, peur et colère, celui-là est le sage dont est fermement fixé l'entendement.

« Qui en nulle chose n'est affecté, même si tel bien ou tel mal lui échoit, et ne hait ni ne se réjouit, sa sagesse est fermement établie [33]. »

Quand le *yogin* n'est plus à la merci des vagues d'émotion qui le soulèvent ou l'abattent, qu'il se tient au-dessus des alternances et des changements extérieurs, et qu'il peut conserver un équilibre intérieur au milieu des coups et des imprévus de la vie, il a atteint l'équanimité absolument indispensable pour traverser indemne et victorieux tous les obstacles qui se dresseront sur sa voie.

33. *Bh. G.*, II, 55-57.

3. *L'effort sur soi (tapas)* [34]

Nul ne peut s'engager dans l'entreprise yogique sans la détermination de faire tous ses efforts, de mobiliser toute son énergie et son attention pour atteindre le but visé. Cette volonté de s'efforcer, qui est le véritable ressort de l'ascèse, appelle à son tour l'endurance et la persévérance. Il faut être prêt à supporter toutes les difficultés rencontrées, accepter l'effort sur soi et même le sacrifice qu'implique l'exigence de demeurer immobile dans une même position, de rester silencieux, et de s'appliquer à toutes les disciplines requises.

4. *L'étude (svâdhyâya)*

Le *svâdhyâya* est, dans la tradition brahmanique, le fait d'étudier et de pratiquer le texte védique. Le préfixe *sva* dans ce mot comporte une double signification, alternative ou simultanée : 1) étudier *son propre* texte, la branche du *Veda* à laquelle on appartient (car la Révélation védique comprend une telle masse de textes qu'une vie humaine ne suffit pas à tout mémoriser) et 2) étudier le texte védique pour *son propre* compte, pour le mettre en pratique personnellement.

Pour le *yogin,* le *svâdhyâya* est l'étude des textes traditionnels concernant la Délivrance. Tous les traités enseignant les différents aspects du Yoga doivent lui devenir familiers, comme dans l'apprentissage de n'importe quelle science. Il ne doit pas se contenter d'un arrière-plan intellectuel, vague et confus, mais savoir exactement ce qu'il cherche et comment procéder. En outre, cette constante réflexion prépare l'esprit à la compréhension des vérités subtiles, éveille et entretient le désir de réaliser le but ultime. Elle dégage l'esprit de sa torpeur et de ses horizons limités, et l'absorbe dans le sujet de la quête yogique, jusqu'au moment où l'aspirant pourra se dispenser

34. Sur les diverses implications du mot *tapas,* voir ci-dessus, p. 15 à 21.

de toute aide extérieure et puiser en lui-même toute la connaissance nécessaire. On doit se souvenir que « s'il est vrai que l'adepte rejette tous les livres, mêmes les Ecritures sacrées *(Veda),* il doit commencer par les assimiler parfaitement [35] ».

D'autre part, l'enseignement védique *(çruti)* est considéré sous deux angles : 1) en tant qu'objet d'étude ; 2) en tant que recueil de formules sacrées dont la récitation constitue à elle seule un acte sacrificiel. Dans ce deuxième sens, le *svâdhyâya* est la répétition orale ou mentale de ces formules, telles que la syllabe symbolique AUM, les interjections sacrées *(Bhûr* ! *Bhuva*h ! *Sva*h !*)* correspondant aux trois mondes, aux trois *Veda,* etc., et la fameuse stance védique en vingt-quatre syllabes, la *Gâyatrî.* Dans ces « semences verbales » sont condensés tous les *Veda* ; elles sont le noyau dont tout émane et vers quoi tout converge, et leur récitation par celui qui en saisit la signification profonde, surpasse celle des textes védiques dans toute leur extension. Elle peut être accomplie à n'importe quel moment, dans n'importe quelle position, et servir de support de méditation *(dhâranî).* Lorsque le *svâdhyâya* devient parfait et que le *yogin* demeure fixé sans interruption sur le *mantra* répété avec une pleine conscience de sa signification, il obtient le pouvoir d'entrer en contact avec la divinité de son choix. Les êtres divins, les sages *(*R*shi),* les réalisés *(Siddha)* qu'il invoque, apparaissent devant lui.

5. *La consécration à Dieu (Içvara-pranidhâna)*

La dernière de toutes les « observances » est *Içvara-pranidhâna,* « l'offrande de toutes ses actions à Dieu », littéralement le fait de déposer *(nidhâna)* toute action devant *(pra)* le Seigneur (Içvara), de la placer à ses pieds.

Mais qui est cet Içvara, autre que le *Purusha* et la *Prak*r*ti ?* La tradition du Yoga nous apprend qu' « Içvara

35. Jean Varenne, *Upanishads du Yoga,* p. 38.

L'archétype du yogin, le dieu Çiva.
(Doc. Institut français d'Indologie.)

est un *purusha* extraordinaire, spécial *(viçesha),* en ce qu'il est éternellement non touché par les facteurs de souffrance *(kleça),* les actes, leurs résultats, et les dépôts subconscients [36] ». Les autres *Purusha* sont aussi, en réalité, non touchés, mais du moins ils semblent soumis à ces facteurs d'asservissement, semblent entraînés dans le cycle des morts et des naissances, jusqu'à la Délivrance finale [37] ; tandis qu'Içvara n'a jamais eu dans le passé et n'aura jamais dans le futur aucune relation avec cet asservissement. Il est éternellement libre et souverain, à la différence des êtres libérés qui ont connu auparavant un état de limitation, qui ont été plongés dans l'existence conditionnée. Le Seigneur est toujours « Seigneur », c'est-à-dire omniscient et libre. Les Textes Révélés *(çruti)* témoignent de sa perpétuelle précellence, et font découler toute leur autorité du fait qu'ils procèdent de Lui. D'Içvara viennent les sciences sacrées *(çâstra),* et des sciences sacrées vient la connaissance d'Içvara. Car Il est celui qui à l'origine, au commencement des temps, a enseigné celles-ci aux R*shi,* fondateurs du Sâ*m*khya et du Yoga.

« L'omniscience, qui existe en germe seulement chez les êtres conditionnés, atteint en Lui une limite qui ne saurait être dépassée [38]. » Du ver de terre à l'homme, nous observons une progression graduelle de la capacité de connaissance, qui, continuant à se parfaire chez l'homme, atteint l'infini en Içvara. « Il est l'initiateur des maîtres spirituels de jadis, le *guru* des *guru,* car il n'y a pas pour Lui de limitation par le temps [39]. »

36. *Y.S.,* I, 24.

37. Qualitativement, il n'y a pas de différence entre les « Soi » et Içvara, ils sont essentiellement non-différents, comme l'*âtman* et le *Brahman* dans la perspective du Vedânta. Cependant le Yoga, étant un système avant tout pratique et non spéculatif, se garde d'une identification complète comme l'Advaita, car celle-ci comporte toujours un danger : en s'identifiant intellectuellement à l'Absolu sans avoir réalisé cette identité sur tous les plans, l'homme risque de tomber dans un grave orgueil.

38. *Y.S.,* I, 25.

39. *Y.S.,* I, 26.

Içvara est Tout-Compatissant [40], et, bien qu'il n'ait rien à atteindre ni à désirer, il adopte au début de chaque manifestation cosmique un « corps » de pur *sattva,* exempt de tout asservissement à la *Prakrti,* pour communiquer aux hommes la connaissance libératrice et dicter les Ecritures. A chaque dissolution de l'univers, ce corps de luminosité et d'intelligence pure est réabsorbé dans la *Prakrti,* pour en émerger à nouveau lors de la nouvelle création. Içvara assume ce corps, mais n'est nullement affecté par lui. Un homme qui est soumis à l'Ignorance ne peut distinguer sa vraie nature de son corps, et se laisse donc déterminer par lui ; mais tel n'est pas le cas pour Içvara, pour qui il ne saurait être question de confusion et de nescience.

Il n'a pas d'autre dessein, en adoptant ce corps, que de sauver les hommes pris dans le vortex de l'existence phénoménale, en les instruisant sur les voies de la libération. Mais il n'annule pas la loi du *karman,* et intervient seulement pour montrer la voie, et aider à se libérer ceux qui s'efforcent dans cette direction.

On peut dire que ce corps de pur *sattva,* par lequel Içvara se manifeste, correspond à la Divinité personnelle, manifestée, présidant au jeu cosmique *(saguna),* qu'on désigne traditionnellement dans le monde indien par le pronom masculin « Lui » *(Sa),* pour la distinguer de l'Absolu impersonnel, ineffable, au-delà de toute qualification et manifestation, désigné par le pronom neutre « Cela » *(Tad).* A ce dernier correspond Içvara lui-même, dans la mesure où il transcende entièrement la *Prakrti* et n'a aucun contact avec elle *(nirguna).* Içvara n'a pas été introduit dans le système du yoga de l'extérieur, comme l'affirment ou l'insinuent certains érudits. Il en constituait,

40. On remarquera que la tradition indienne distingue généralement deux aspects dans la Divinité : l'aspect de puissance, manifesté dans la création, la préservation et la destruction de l'univers phénoménal, et, l'aspect d'amour ou de rédemption. Le premier aspect est dans le Yoga attribué à la *Prakrti,* qui est la *Çakti,* la *Mâyâ,* et le second à Içvara, qui est le *Guru* depuis les temps immémoriaux.

depuis les temps les plus reculés, l'un des éléments essentiels.

La cinquième « observance » consiste, pour le *yogin,* à dédier tous ses efforts dans la voie du Yoga à ce Précepteur suprême. Ce n'est pas une pieuse et passive résignation, mais l'offrande de toutes les actions et de leurs résultats. A ce stade, en effet, le *yogin* est guetté par un danger particulier, celui de se forger un égoïsme supérieur, fortifié par le caractère exceptionnel de ses accomplissements. Par la dédicace de son entreprise yogique à Dieu, par sa soumission au *Guru* suprême, le yogin se débarrasse de cet *ahamkâra,* de toute motivation égoïste ou personnelle. L'effort est abordé dans un esprit de renoncement aux résultats, aux « fruits », qui sont « offerts » à Içvara. Par là le *yogin* se vide de tout désir, même des désirs subtils de « salut personnel », et se place d'emblée dans une perspective d'éternelle plénitude, qu'il cherche à « réaliser », et non à fabriquer.

Mais cette consécration de soi à Dieu ne doit ni se transformer en un abandon passif, ni devenir une excuse pour l'indolence, car à aucun moment le *yogin* n'est censé se départir de sa *vîrya,* de son énergie héroïque, sa détermination virile. Au contraire, cette *dedicatio* permet au *yogin* de pousser jusqu'au bout son effort sans exulter devant les succès, ni se décourager devant les obstacles, car il a toujours devant les yeux l'impassibilité archétypique et exemplaire d'Içvara. La pratique avancée d'*Içvara-pranidhâna* est capable, à elle seule, de produire le *samâdhi.*

III. Asana : la Posture

La prise de posture *(âsana)* constitue la troisième étape du Yoga. La posture doit répondre à deux exigences : « Etre stable et agréable [41]. » Quand l'entraînement dans

41. *Y.S.,* II, 46.

la posture permet au *yogin* de la garder fermement tout en s'y sentant à l'aise, le but est atteint. La posture met fin à l'agitation corporelle et rassemble les énergies éparses.

Cette étape du Yoga a été particulièrement développée par le *Hatha-yoga,* qui distingue deux types de postures :

1. les postures « culturelles » ou « reconditionnantes » ;
2. les postures méditatives.

Les premières ont pour but de remédier aux faiblesses de l'organisme et d'assouplir, d'exercer et d'affermir la colonne vertébrale, axe du corps entier et canal de l'énergie nerveuse. Elles préparent ainsi aux secondes, dans lesquelles la colonne vertébrale doit être maintenue parfaitement droite, naturellement et sans effort. Que cela soit possible suppose un effort antérieur, dont Patañjali avec sa concision habituelle ne parle pas. Les postures de méditation, les seules qu'il envisage, sont toutes des postures assises, et Vyâsa en cite quelques-unes, dont les plus connues sont les suivantes :

Padmâsana, la position du lotus, rendue célèbre par les statues du Bouddha : s'asseoir en tailleur, les jambes croisées, les pieds reposant, plantes vers le haut, sur les cuisses opposées.

Vîrâsana, la position du héros : c'est un « demi-lotus » ; un seul des pieds est posé sur la cuisse opposée, l'autre demeure sous la cuisse opposée.

Bhadrâsana, la position bénéfique : les plantes des pieds sont jointes l'une à l'autre, et les deux talons placés sous le scrotum ; les genoux écartés l'un de l'autre au maximum, doivent être plaqués sur le sol, et les pieds saisis fermement avec les deux mains.

Svastikâsana, la position du bonheur : la plante de chaque pied doit être insérée entre la cuisse et le mollet opposés.

Dandâsana, la position du bâton : étendre les deux jambes jointes l'une à l'autre, raides, droit devant soi, tout en gardant la colonne vertébrale droite en équerre.

Sopâçraya, la position avec support : être accroupi, les genoux assez écartés, avec les deux jambes et le dos soutenus par une « ceinture de méditation » *(yoga-patta).*

L'*âsana* devient parfait par la pratique de la détente en profondeur et la méditation sur l'espace infini. Toute sensation douloureuse s'efface alors, et la seule impression qui demeure est : mon corps est devenu vide et s'est dissous dans l'espace infini, je suis fondu dans la vaste étendue du ciel. A ce moment-là le *yogin* n'est plus affecté par les couples de conditions opposées *(dvandva)* comme le froid et la chaleur, ni par la faim ou la soif.

IV. Pranayama : la discipline du souffle

Lorsque l'*âsana* est acquis, vient la discipline du souffle *(prânâyâma).* En réalité, le *prânâyâma* est plus qu'un contrôle du souffle respiratoire ; c'est le contrôle de l'énergie vitale *(prâna)* au moyen de celui-ci. *Prâna* ou *vâyu* est « ce qui se meut », « ce qui circule » *(yat samcarati),* « ce qui vibre » *(spandate yat)* et se réfère aux courants d'énergie qui animent le corps ; le mouvement respiratoire n'est que l'un d'eux, mais le plus évident, et en corrélation étroite avec tous les autres. Par la régulation du souffle respiratoire, on obtient la maîtrise sur tous les autres « souffles vitaux » ou courants d'énergie subtils. Le rôle fondamental de cette technique est tout naturel, remarque le Dr Jean Filliozat, « étant admise l'antique croyance que le moteur de tout l'organisme est le souffle, et étant donné que, de tous les souffles, celui de la respiration est le seul sur lequel la volonté puisse agir directement et par les modifications duquel elle puisse influer indirectement sur les autres [42] ».

42. *Médecine et Magie, La Nef,* n° 23, Julliard, Paris, 1965, p. 47.

Le rythme respiratoire représente bien d'ailleurs l'alternance, le mouvement cyclique qui caractérise la vie au niveau tant du microcosme que du macrocosme, et qui se manifeste par une oscillation, une vibration, un changement périodique : inspiration et expiration, pulsations du cœur, jour et nuit, été et hiver, flux et reflux, etc. Par l'attention portée au souffle, le *yogin* prend conscience de ce rythme fondamental et s'applique d'abord à le rendre régulier et d'une grande amplitude, pour ensuite le maîtriser progressivement.

Le principe qui justifie cet effort découle de la constatation de la relation intime existant entre la respiration et les états psychiques. La respiration de l'homme ordinaire est irrégulière, arythmique, changeante, superficielle, et correspond à son état d'esprit fluctuant et dispersé. Mais s'il porte une attention extrême à quelque chose, sa respiration se ralentit, s'amenuise, et parfois même reste suspendue quelques secondes :

« Lorsque le souffle est agité, l'esprit est agité.
Lorsque le souffle est immobile, le *yogin* atteint la fixité.
C'est pourquoi l'on doit discipliner le souffle [43]. »

Grâce à cette corrélation étroite, la maîtrise du souffle conduit directement et immédiatement à la maîtrise de l'esprit.

Le *yogin* commence par s'exercer à respirer lentement et régulièrement, en s'appliquant à ce que chaque expiration et inspiration soient les plus longues et les plus profondes possible, avec patience et sans forcer. Puis il fait suivre chaque expiration et chaque inspiration d'un bref moment de rétention. La suspension du souffle, soit au terme d'une expiration, soit au terme d'une inspiration, constitue un *prânâyâma.* Quand le souffle a été complètement expulsé à l'extérieur et qu'on observe un temps d'arrêt, empêchant l'air d'entrer dans la poitrine, c'est le

43. *Hathayogapradîpikâ,* II, 2.

prânâyâma externe *(bâhya-vṛtti)*. Quand on a complètement empli la poitrine avec l'air inspiré et qu'on le force à demeurer à l'intérieur, c'est le *prânâyâma* interne *(abhyantara-vṛtti)*. Durant cette rétention, il faut qu'on ait l'impression que l'air inspiré se répand dans tout le corps et le remplit comme un vase est rempli d'eau, le rendant immobile et dense, et supprimant toute agitation interne.

Ensuite, il faut pratiquer la suspension de la respiration sans inspiration ni expiration préalable, c'est-à-dire soudaine, intervenant à n'importe quel moment de l'inspiration ou de l'expiration. Cela est le *prânâyâma* de l'arrêt subit *(stambha-vṛtti)*. Lorsqu'on reprend le souffle, c'est toujours par une inspiration.

La durée des suspensions doit être peu à peu prolongée, si bien que l'effort de rétention devient en quelque sorte naturel, et le corps développe à la longue une propension à la suspension du souffle.

Ces trois formes de *prânâyâma* doivent être pratiquées avec une extrême attention — ce qui développe l'aptitude à fixer l'esprit sur un seul point *(ekâgratâ)* — et doivent être « assujetties aux règles de lieu, de temps et de nombre [44] ». Le « lieu » ou localisation de la pratique du *prânâyâma* peut se situer dans l'espace externe ou dans l'espace interne.

L'espace externe est celui qui s'étend de la pointe du nez, à la limite de la région où l'on peut sentir l'air pénétrer, jusqu'au point le plus bas où le flot d'air descend. En observant la sensation créée par le contact de l'air parcourant cet espace, le mouvement de l'air s'atténue jusqu'à devenir presque imperceptible, et l'attention doit s'aiguiser en même temps.

L'espace interne est le corps tout entier, depuis le sommet de la tête jusqu'à la plante des pieds. Certaines régions du corps, comme le nombril, le plexus solaire, le cœur, la gorge, etc., sont des lieux privilégiés pour la fixation de l'attention en connexion avec le confinement du *prâna*.

44. *Y.S.*, II, 50.

En voici un exemple en prenant le cœur pour « lieu » : pendant l'inspiration, il faut avoir une sensation de toucher subtil, émanant de la région du cœur et rayonnant dans tout le corps, comme si le flot d'air était en train de se diffuser dans toutes les fibres de l'organisme. Pendant l'expiration, cette sensation doit être rassemblée et retourner au centre du cœur. Pendant la suspension, elle doit être maintenue égale et uniforme dans tout le corps. Par cette forme d'attention à l'espace intérieur, une sensation sâttvique, c'est-à-dire de bien-être et de légèreté, pénètre tout le corps et rend le *prânâyâma* aisé et naturel.

Le temps, c'est-à-dire la durée de chaque *prânâyâma,* doit être observé soit en répétant mentalement un *mantra* à une cadence régulière, soit en prenant la durée d'une expiration comme unité, soit en comptant les instants avec les doigts de la main gauche ou de préférence mentalement. On distingue ainsi une suspension du souffle de type inférieur, durant 12 *mâtrâ* (= 48 secondes), celle de type moyen, durant 24 *mâtrâ* (1 minute 36 secondes) et celle de type supérieur, durant 36 *mâtrâ* (2 minutes 24 secondes).

Il faut aussi compter le nombre des *prânâyâma.* Selon la *Hatha-yoga-pradîpikâ,* on doit s'exercer trois ou même quatre fois par jour, au lever du soleil, à midi, au crépuscule et si possible à minuit, et augmenter le nombre des *prânâyâma* jusqu'à atteindre 80 à chaque fois (au maximum 320 par jour).

Peu à peu le *prânâyâma,* pratiqué sous les trois formes précitées, devient de plus en plus prolongé et subtil, et il aboutit à la quatrième forme de *prânâyâma (caturtha),* dont Patañjali nous dit qu'elle transcende les autres, mais sans nous donner aucune explication. Il s'agit probablement de celle où le souffle semble entièrement suspendu, pour une durée aussi longue que le *yogin* le veut. Le rythme respiratoire devient si subtil qu'il semble s'évanouir complètement et demeure totalement imperceptible. Le *yogin* réalise à volonté et lucidement une réduction, sinon un arrêt, de la respiration, qui ne se produit habituellement qu'au seuil de la mort et dans l'inconscience. Le dossier des exploits de *yogin* pouvant demeurer plusieurs heures sous l'eau ou se faire enterrer pour de longues périodes sans dommages, est abondant ; mais pour le résumer, citons cette conclusion du Dr Jean Filliozat : « Ceux qui prétendent pouvoir se mettre en état de mort apparente et subir une inhumation prolongée pour reprendre une activité normale ensuite, ont été l'objet, à diverses reprises dans le passé, d'observations suivies, de comptes rendus et d'attestations, qui ne lèvent pas les doutes habituels en pareil cas. Mais il a été dûment constaté par enregistrement simultané de l'électrocardiogramme, du pouls et de la respiration (Th. Brosse), qu'une mise en état d'arrêt apparent volontaire des contractions cardiaques était possible pendant un temps déterminé. Les contractions ne sont pas supprimées, mais réduites à une fibrillation, l'arrêt du cœur étant apparent par le fait que le pouls et les bruits cardiaques à l'auscultation sont suspendus [45]. »

Le *prânâyâma* est considéré comme la plus haute forme d'ascèse, purifiant de toutes les souillures, et allumant le flambeau de la Connaissance : « Par le *prânâyâma,* le réseau opaque qui recouvre la luminosité intrinsèque de l'esprit *(citta)* est graduellement dissous, et l'esprit devient apte à la concentration [46]. »

V. Pratyahara : le retrait des sens

Le *yogin* doit maintenant arriver à s'abstraire entièrement du monde extérieur : c'est le « retrait des sens » *(pratyâhâra).* Les cinq facultés de perception, les cinq facultés d'action et la faculté mentale *(manas)* doivent cesser d'être engagées dans leurs domaines d'activité respectifs : son, contact, forme, saveur, odeur, parole, pré-

45. *Médecine et Magie, op. cit.,* p. 49.
46. *Y.S.,* II, 52-53.

hension, ambulation, excrétion, jouissance, et pensée. Toutes ces facultés doivent être repliées sur leur base, c'est-à-dire maintenues unifiées à l'esprit.

« L'expert en yoga doit d'abord saisir son organe mental, comme un pêcheur attrape un poisson qui se démène, et de la même façon son ouïe, sa vue, son goût et son odorat », dit le *Mahâbhârata*[47]. Ou encore, selon une image fréquemment reprise : « Le *yogin* retire ses sens des objets sensoriels comme une tortue rentre sa tête et ses pattes sous sa carapace[48]. »

Lorsque les sens sont ainsi « déconnectés » des objets extérieurs, ils s'immergent, se fondent dans l'esprit dont ils ne se distinguent plus. Quelle que soit la direction vers laquelle l'esprit se tourne résolument, les sens la suivent, et ne perçoivent que la cible intérieure ou extérieure que l'esprit se fixe, « comme les abeilles volent avec leur reine et se posent quand elle se pose[49] ». Le *yogin* peut alors se fermer entièrement aux impressions du dehors et suspendre son pouvoir de perception à l'égard de ce qu'il veut exclure de son champ d'attention.

Se libérer de la sujétion aux sens est de première importance pour le *yogin,* car ce sont les puissantes impulsions des sens qui constamment agitent et submergent l'esprit.

L'individu ne peut s'absorber dans la conscience pacifiée du Soi, tant qu'il n'a pas maîtrisé l'influence éparpillante des sens. Les sens ne peuvent se calmer et s'unifier dans l'esprit tant qu'ils ne sont pas libres de l'action des objets du monde extérieur. Cette capacité de s'abstraire n'est pas aisément atteinte, K*r*sh*n*a lui-même le reconnaît dans la *Bhagavad-Gîtâ* :

« Même l'esprit de l'homme sage qui s'efforce vers la perfection est entraîné, ô fils de Kuntî, par l'insistance véhémente des sens[50]. »

Dans cet effort, le *yogin* marche à contre-courant, prend

47. *Y.S.,* 232, 15-16. — 48. *Bh.G.,* II, 58. — 49. *Y.B.,* II, 54. — 50. *Y.B.,* 60.

la direction inverse de la tendance naturelle à l'extraversion :

« Le Créateur a percé les ouvertures des sens vers l'extérieur, c'est pourquoi on regarde vers l'extérieur et non vers le Soi intérieur. Cependant, un sage en quête d'immortalité, tournant ses yeux vers l'intérieur, découvrit le Soi [51]. »

Mais c'est dans cette « mise sous le joug » que réside proprement le Yoga. Chaque être individuel est le « maître d'un attelage ». Le corps est le char, l'Intellect *(Buddhi)* est le cocher ou conducteur du char, la fonction mentale coordinatrice *(manas)* correspond aux rênes, les facultés des sens sont les chevaux, et les objets des sens sont les voies où ces chevaux se donnent carrière. Le mauvais attelage, où les chevaux sont capricieux et indomptés, où les rênes sont lâches, où le cocher est assoupi, ivre ou sans autorité sur ses chevaux, incapable de diriger sa voiture vers le but qu'il s'assigne, sert à illustrer la situation de l'homme ordinaire, qui est non seulement sans contrôle sur ses sens, mais gouverné par eux, allant partout où ils le mènent. Le Yoga est la maîtrise de son propre véhicule psychophysique, et les sens, qui sont les principaux facteurs de dispersion vers le monde extérieur, doivent être ramenés sous le contrôle de *Buddhi* :

« Quand les cinq organes cognitifs, ainsi que la pensée sont au repos, et que l'Intellect est immobile, c'est ce qu'on appelle la voie suprême. C'est cela qu'on considère comme le Yoga : un ferme maintien des sens. A ce moment-là l'homme est libre de toute distraction [52]. »

Un certain degré de « retrait des sens » était déjà requis aux stades précédents, sur le plan intellectuel, éthique et corporel ; mais ce retrait doit maintenant être appliqué sous une forme radicale, active et délibérée.

L'esprit demeurera alors face à lui-même, toutes les sources de distraction ayant été successivement éliminées.

51. *Katha-Up.*, II, 1, 1. — 52. *Katha-Up*, II, 3, 10.

1. Les résultats pénibles provenant d'une conduite non ajustée aux exigences éthiques, ont été éliminés par les « refrènements » ;

2. les émotions et pensées inharmonieuses et troubles, par les « observances » ;

3. la gêne et l'agitation causées par le corps, au moyen de la posture ;

4. les perturbations venant d'un flot insuffisant ou irrégulier de forces vitales, par la « discipline du souffle » ;

5. les distractions provenant des impressions sensorielles, par le « retrait des sens »

Le *yogin* accède maintenant aux étapes essentielles, centrales, du Yoga, par opposition à ces cinq étapes précédentes, qui n'étaient que préparatoires et extérieures.

VI. Dharana : la concentration

« La fixation de l'activité mentale sur un lieu circonscrit est la concentration *(dhâranâ)* [53]. » « A l'esprit vagabond, inquiet, de l'homme qui voudrait sonder les secrets de la terre et analyser les mystères des cieux, le Yoga enseigne que la vérité ne peut être connue qu'en demeurant fixé sur un seul point [54]. » Pas n'importe où, mais sur un « support approprié » *(çubhâçraya)*. Vyâsa donne pour exemples : « Sur la région du nombril, sur le lotus du cœur, sur la lumière dans la tête, sur la pointe du nez, sur le bout de la langue, sur d'autres points analogues dans le corps, ou bien sur un objet extérieur. »

Dans la vie ordinaire, les idées naissent, s'élèvent et disparaissent, mais ne demeurent jamais longtemps et continûment dans l'esprit. Le contenu de conscience est ainsi un flot constamment changeant, mouvant et renouvelé de pensées et d'impressions diverses, et chaque « tourbillon » de conscience ou vague mentale *(vrtti)* qui alimente ce

53. *Y.S.*, III, 1.
54. Radhakrishnan, *Indian Philosophy*, II, p. 357.

fleuve n'a elle-même qu'une durée limitée, étant immédiatement remplacée par une autre. Le mouvement de l'esprit, c'est-à-dire cette succession ininterrompue de vagues mentales, ne peut être interrompu abruptement ; mais il peut être confiné à un certain territoire, n'étant autorisé à s'exercer qu'à l'égard d'un domaine circonscrit.

Une certaine liberté de mouvement est d'abord laissée à l'esprit, mais seulement à l'intérieur de cette sphère limitée, et si l'attention s'en échappe, elle doit y être ramenée immédiatement. L'esprit peut, par exemple, considérer tour à tour les différents aspects dont l'objet [55] est investi, mais sans jamais, par association d'idées, oubli, résurgence de souvenirs, commentaires mentaux, etc., sortir de la considération actuelle de l'objet choisi. L'esprit qui demeure ainsi engagé dans la considération du même objet se dépouille peu à peu de sa mobilité et gagne proportionnellement en profondeur et en acuité. Le *yogin* acquiert la capacité de resserrer de plus en plus le foyer de son attention, comme un lasso se resserre autour de sa cible. C'est ce qu'on appelle *ekâgratâ,* la fixation de l'attention en un seul point. Lorsque l'attention est parfaitement centrée et immobile, la concentration *(dhâranâ)* est atteinte.

VII. Dhyana : la méditation

Mais le problème est maintenant de prolonger cette fixité qui, dans les débuts de la pratique, n'est atteinte que pour quelques instants, puis vacille. « Un flot continu de cognition centré sur ce point est appelé méditation *(dhyâna)* [56]. » Pendant la *dhâranâ,* l'attention devait être constamment ramenée à l'objet de concentration, et ressemblait ainsi à une succession de gouttes d'eau ; mais

55. Par « objet », nous entendons non pas une chose, mais le lieu où est fixée l'attention, qu'il soit à l'intérieur ou à l'extérieur du corps.
56. *Y.S.,* III, 2.

quand l'attention fixée devient prolongée et ininterrompue, elle ressemble à un flot d'huile ou de miel, égal et continu. C'est ainsi que Vyâsa définit le *dhyâna* : « Un continuum d'effort mental pour assimiler l'objet de la méditation, libre de toute diversion. »

Du point de vue du Yoga, la concentration qui se produit dans la création artistique ou artisanale, sur des problèmes mathématiques, dans l'absorption amoureuse, dans les exercices d'adresse ou dans n'importe quelle activité profane, est bien en deçà du degré et de la continuité de concentration requise dans la pratique yogique. Bien que ces formes de concentration occasionnelles soient fécondes, et même à la source des principales acquisitions civilisatrices, l'esprit n'y fait qu'effleurer la nature essentielle de l'objet médité. Elles ne s'exercent jamais assez intensément, longuement et systématiquement pour devenir un instrument de libération spirituelle.

La méditation yogique *(dhyâna)* n'est pas une technique nouvelle et différente de la fixation de l'attention *(dhâranâ),* mais le perfectionnement de celle-ci. Quand la mainmise sur l'attention s'affermit, les innombrables pensées et distractions qui intervenaient et s'immisçaient dans l'esprit, le frustrant de sa concentration, diminuent en fréquence et en importance, et dès lors, la lucidité du *yogin* s'intensifie, excluant toute somnolence, dissipant toute brume mentale, toute ombre, toute réserve, et révélant l'objet dans une clarté directe et fixe. La méditation débouche sur le *samâdhi.*

VIII. Samadhi

« Quand seul l'objet médité resplendit dans la conscience, qui semble vidée de sa forme propre, c'est le *samâdhi* [57]. » La concentration est si parfaite que seul l'objet médité est

57. *Y.S.,* III, 3.

présent à l'esprit qui perd toute conscience réflexive (conscience de lui-même tel qu'il s'appréhende habituellement, et conscience du processus de méditation, en tant que distincts). Il se produit une sorte de rupture, et une autre forme de conscience apparaît, de nature illuminatrice : la Lumière de la Connaissance (ou Intuition Spirituelle : *prajñâ*) se révèle [58]. »

Par rapport à cette forme de conscience lumineuse et vaste, la conscience individuelle paraît bornée. Le *yogin* est, durant tout le temps du *samâdhi,* libre de la tyrannie du « moi » *(ahamkâra)* qui limite la conscience et l'entraîne dans une agitation perpétuelle.

Nous pouvons comprendre maintenant comment les *tattva* décrits par le Sâ*m*khya sont, dans la pratique du Yoga, immergés les uns dans les autres, en sens inverse de leur émanation : par le *pratyâhâra,* les sens se retirent du monde extérieur et convergent dans la faculté mentale *(manas)* ; par la *dhâranâ* et le *dhyâna,* les modalités du psychisme sont suspendues et unifiées au moi individuel *(ahamkâra)* ; dans le *samâdhi* avec support, le moi individuel se résorbe en *Buddhi,* le principe d'intelligence pure, informelle et supra-individuelle ; et bientôt nous verrons comment, dans la forme ultime de *samâdhi, Buddhi* elle-même est absorbée dans le Soi absolu *(Purusha).*

Lorsque le *yogin* atteint cette concentration inébranlable où il perd de vue son identité individuelle, son esprit ne fait plus qu'un avec la nature essentielle de l'objet médité, et la dualité sujet-objet semble s'abolir. Dans cette conscience unitive, qui correspond bien à *Buddhi* avant la scission provoquée par l'*ahamkâra,* l'objet est révélé « tel qu'il est » *(yathâ bhûta),* appréhendé jusque dans son essence. Ou plutôt la séparation entre le « je » et le « cela » disparaît, et le *yogin,* qui s'est vidé de lui-même, coïncide avec l'être de l'objet. Par cette connaissance par identité, le *yogin* transperce le voile des apparences et pénètre à chaque fois au cœur de la réalité.

58. *Y.S.,* III, 5.

Le *samâdhi* est l'étape essentielle du Yoga, au point que Vyâsa a pu poser d'emblée la définition : « Le Yoga, c'est le *samâdhi*[59]. » Le mot est intraduisible, n'ayant aucun équivalent dans les langues européennes. Ce n'est pas une extase, le *yogin* procédant méthodiquement et en toute lucidité, sans la moindre exaltation émotionnelle. Ce mot « implique à la fois un rassemblement (préverbe *sam*) de tous les éléments constitutifs de la personnalité et une position stable (racine DHA) orientée vers le dedans (préverbe *â*) ; c'est tout à la fois l' " apogée du recueillement ", la " concentration parfaite ", et la " position " définitive de l'individu considéré dans son ensemble[60]. » Le néologisme proposé par Mircea Eliade, « enstase » *(en-stasis),* pour traduire le mot *samâdhi,* suggère sans doute le mieux ce dont il s'agit, et a l'avantage d'exclure toute confusion avec des extases. Aussi bien, non seulement le mot est intraduisible, mais ce qu'il désigne ne peut vraiment être expliqué, car, comme dit Vyâsa, « le Yoga doit être connu au moyen du Yoga, le Yoga lui-même conduit au Yoga. Celui qui s'applique sans relâche au Yoga, à la fin trouve dans le Yoga une joie permanente[61]. »

Les facteurs de succès

La maîtrise du *samâdhi* dépend essentiellement de l'intensité de l'ardeur du *yogin* ; son aspiration peut être véhémente, moyenne, ou tiède, aboutissant respectivement à des progrès rapides, modérés ou lents. Mais un autre facteur est susceptible d'intervenir : la dévotion[62] du

59. *Y.B.*, I, 1.
60. Jean Varenne, *Upanishads du Yoga,* p. 42.
61. *Y.B.*, III, 6.
62. La dévotion à Dieu est facultative, car la pratique yogique engendre nécessairement des résultats proportionnels à l'intensité et à la persévérance de l'application. Mais les *yogin* qui adoptent cette

yogin à Dieu (Içvara), que Vyâsa décrit comme une forme particulière d'amour *(bhakti),* qui suscite la grâce divine, celle-ci s'exerçant pour conférer au *yogin* le plus haut bien spirituel, l'inhibition du flot psycho-mental.

Dans cette forme avancée d'*Içvara-pranidhâna,* ce ne sont pas seulement les actes et les efforts qui sont offerts à Dieu, mais Dieu lui-même qui est pris comme objet de méditation, au moyen du *pranava* (la syllabe AUM) qui le symbolise [63]. La récitation méditative de cette syllabe, conjuguée au *prânâyama,* en gardant l'esprit concentré sur sa signification, produit chez le *yogin* « la réalisation de l'essence de sa propre conscience et l'aplanissement des obstacles (à la concentration) » [64]. Comme dit la *Mundaka-Upanishad,* « AUM est l'arc, soi-même est la flèche, l'Absolu est la cible. D'une visée attentive, il faut le pénétrer, ne faire plus qu'un avec lui, comme la flèche plantée dans la cible [65]. »

Les obstacles

Tôt ou tard, le *yogin* est voué à rencontrer des obstacles sur sa voie, avant, et même après qu'il a atteint le *samâdhi.* Ces obstacles qui viennent interrompre ou faire dévier son

méthode complémentaire en trouvent leur effort vers le *samâdhi* facilité. Içvara, par l'intermédiaire de son *citta* de pur *sattva,* abolit les barrières faisant obstacle au *samâdhi.*

63. La relation entre ce mot et Içvara n'est pas considérée comme une relation conventionnelle et arbitraire, comme celle en général des symboles verbaux avec les choses désignées, mais comme une relation aussi réelle et nécessaire que celle qui existe entre la lumière et le foyer d'où elle rayonne. AUM est le Son primordial, le Verbe éternel *(çabda),* la vibration dont l'univers a émané. Il réapparaît à chaque création comme les rejets jaillissent des racines à la saison des pluies. Il a été utilisé pour désigner Içvara non seulement dans ce cycle cosmique mais dans les précédents. Les *yogin* accomplis l' « entendent » par une audition intérieure directe.

64. *Y.S.,* I, 29.

65. *Y.S.,* II ,4.

effort, sont dûs à l'actualisation des résidus subconscients, des latences, qui semblent faire un retour en force lorsque le *yogin* cherche à contrôler son attention. Ils peuvent prendre des formes variées, et Patañjali énumère : « La maladie, l'incapacité de fixer l'esprit (due à l'agitation, la distraction ou l'inquiétude, c'est-à-dire au *guna rajas*), la paresse (inertie physique et mentale, due au *guna tamas*), la non-abstention (être entraîné à poursuivre des objets de désir), les vues erronées (comme de croire qu'on a atteint le but quand on en est loin, etc.), l'incapacité de maîtriser une étape quelconque du Yoga (parce qu'on n'applique pas strictement les principes), ou de se maintenir au niveau atteint (par instabilité) [66]. »

Les symptômes qui apparaissent alors sont : « La peine, le découragement, la nervosité, l'inspiration et l'expiration ordinaires (au lieu de la respiration réglée par le *prânâyâma*) [67]. »

Pour y remédier et éliminer les distractions qui causent les obstacles, Patañjali donne plusieurs procédés :

1. Faire une habitude de toujours concentrer l'esprit sur une seule chose à la fois.

2. Apaiser l'esprit par le développement méthodique de quatre sentiments, qui sont quatre formes de l'amour universel : bienveillance envers les êtres heureux, compassion envers ceux qui souffrent, sympathie joyeuse envers les bons, et indifférence vis-à-vis des méchants.

3. Contrôler le souffle *(prânâyâma)*.

4. Méditer sur l'esprit d'un être parfaitement désintéressé (l'esprit d'un sage, d'un saint, d'un maître spirituel).

5. Prendre pour objet de méditation les images de rêve ou l'état de sommeil profond.

6. Ou bien méditer sur n'importe quel objet pour lequel l'esprit a une prédilection. L'attraction naturelle

66. *Y.S.*, I, 30. — 67. *Y.S.*, I, 31.

de l'esprit pour cet objet aide à la concentration. D'une manière générale, le type de méditation choisi doit convenir au tempérament du *yogin.*

Outre ces moyens particuliers, la consécration de soi à Içvara supprime toutes les formes d'obstacles.

Les degrés du samâdhi

Les trois dernières étapes du Yoga, « concentration », « méditation » et « enstase », ne sont pas séparables l'une de l'autre, étant les différents degrés de la même expérience. Le tout qu'elles forment est appelé *samyama.* Pratiquer *samyama* sur un certain objet veut dire y effectuer à la fois la concentration et la méditation, jusqu'à aboutir au *samâdhi.* Le *samyama* est la clef du Yoga. Quel que soit le temps passé à l'étude ou à la culture des principes éthiques, ils ne sauraient procurer la Délivrance. Seule cette technique du *samyama* peut produire à cet égard des résultats décisifs.

Le *samyama* comporte différents degrés selon l'objet auquel il est appliqué et le niveau qui est atteint. Ces degrés doivent être maîtrisés l'un après l'autre, dans leur ordre de progression, et le *yogin* ne peut sauter aucune étape, ni aborder les degrés supérieurs sans avoir conquis les degrés inférieurs ou intermédiaires. A cette règle, pourtant, il y a une exception : le *yogin* qui, « par la grâce divine » *(Içvara-prasâda)* [68], a atteint un degré supérieur, n'a pas besoin de pratiquer *samyama* à l'égard des degrés inférieurs, ce serait une perte de temps. Si la réalisation spirituelle alors obtenue ne respecte pas la succession des étapes, ce n'est pas que Dieu témoigne de la partialité envers le *yogin,* en le favorisant plus que d'autres ; le *yogin* qui conçoit la divinité comme présente en lui-même et médite constamment sur elle, finit par obtenir la nature

68. Conséquente à la pratique d'*Içvara-pranidhâna.*

LES DEGRES DU SAMÂDHI

I. *Samprajñâta-samâdhi*	1 le connaissable	objets « grossiers »	*savitarka-samâdhi*
			nirvitarka-samâdhi
		objets « subtils »	*savicâra-samâdhi*
			nirvicâra-samâdhi
	2 instruments de connaissance	sens, *manas*	*sânanda-samâdhi*
		ahamkâra	
	3 le connaisseur	*ahamkâra*	*sâsmita-samâdhi*
		mahat	
II. *Asamprajñâta-samâdhi*			

de l'objet contemplé : du fait même de sa concentration sur Dieu, du fait qu'il se maintient continuellement dans une conscience de la présence divine, il manifeste lui-même les traits d'un *Purusha* libéré.

I. Samadhi avec cognition (samprajnata-samadhi)

Quel que soit l'objet sur lequel le *yogin* fait *samyama,* il en obtient une connaissance intégrale ; c'est pourquoi le *samâdhi* qu'il atteint est appelé *samprajñâta-samâdhi* : *samâdhi* (où l'objet est) intégralement connu. Durant ce *samâdhi,* l'esprit, comme un cristal transparent, assume entièrement les traits de l'objet fixé, et cette identification est appelée aussi « absorption » *(samâpatti).*

Il y a trois catégories de *samprajñâta-samâdhi,* selon la nature de l'objet médité, et ces *samâdhi* doivent être réalisés dans l'ordre ascendant.

1. *Samâdhi* sur le connaissable :

— sur les cinq éléments cardinaux ;

— sur les cinq qualités sensibles.

2. *Samâdhi* sur les instruments de connaissance :

— externes : les facultés sensorielles ;

— interne : l'organe mental *(manas).*

3. *Samâdhi* sur le connaisseur :

— le soi empirique, formé par *ahamkâra* et *Buddhi.*

A ces trois catégories s'ajoute éventuellement, comme nous l'avons vu, *Içvâra-samâpatti* (l'absorption en Dieu), où Içvara est pris comme objet du *samyama.*

Une autre classification des *samprajñâta-samâdhi* est celle du niveau d'absorption atteint :

1. *Samâdhi notionnel (savitarka-samâdhi)*

C'est le *samâdhi* où la notion de l'objet, le mot désignant l'objet, et la perception immédiate de l'objet, bien qu'étant en soi des choses distinctes, sont présents à l'esprit d'une manière indistincte. Par exemple, quand on se concentre sur une vache, le mot « vache », l'idée générique de vache, et l'impression sensorielle créée par la vache, sont pris en bloc. Ce *samâdhi* est dit « notionnel » parce que des associations verbales et logiques y sont encore mêlées. L'objet est « intégré dans la série des représentations antérieures, localisé par des relations extrinsèques (nom, dimension, usage, classe) [69], et la pensée et le mot sont encore alliés à l'impression directe.

2. *Samâdhi exempt de notions (nirvitarka-samâdhi)*

Quand la mémoire de la signification conventionnelle des mots disparaît, et que les idées formées par communication verbale ou par inférence s'effacent, l'objet en lui-même, dépouillé de toute représentation mentale, est révélé. Ce *samâdhi* est une perception directe, non influencée par aucun mode de connaissance indirect tel que le raisonnement ou l'autorité de la tradition. L'objet contemplé y est connu « à la fois comme une unité, c'est-à-dire formant un tout, et comme un assemblage spécifique d'atomes » [70].

Ces deux types de *samâdhi* portent sur des objets dits « grossiers » [71], c'est-à-dire composés des cinq éléments. Il est normal que le *yogin* applique d'abord le *samyama* à des objets grossiers, car, comme dit Vâcaspati Miçra : « De même qu'un archer, quand il est débutant, perce d'abord une cible large et ensuite une fine, de même le

69. Mircea Eliade, *Patanjali et le Yoga*, p. 85.
70. *Y.B.*, I, 43.
71. Les localisations à l'intérieur du corps font partie des « objets grossiers », puisqu'elles impliquent la sensation du corps grossier.

yogin, quand il est débutant, a la réalisation directe seulement d'objets grossiers de méditation, constitués par les cinq éléments... et seulement ensuite d'objets subtils [72]. »

Les degrés suivants sont ceux de l'absorption en des « objets subtils ». Un objet manifesté est pris pour support, mais le *yogin* ne s'arrête plus à sa forme extérieure. Il l'utilise pour pénétrer ses éléments constitutifs de plus en plus subtils. Par la concentration sur les qualités sensibles qui sont à la base de tout l'univers objectif, le *yogin* ne voit plus dans les objets extérieurs qu'une conglomération et une combinaison de propriétés sonores, lumineuses, tactiles, olfactives et gustatives, et non plus des entités individuelles.

Le *samyama* sur l'aspect subtil de la matière comporte deux degrés qui forment les étapes suivantes :

1. *Samâdhi avec différenciation (savicâra-samâdhi)*

Dans cette absorption, il y a connaissance des déterminations élémentaires subtiles (*tanmâtra* : principes du son, de la lumière, etc.), mais seulement dans leurs propriétés présentes, manifestées dans l'objet, conditionnées par l'espace, le temps et la causalité.

Le *yogin* n'a pas connaissance de ce que fut ou pourrait être l'élément subtil, mais seulement de son état présent, différencié des autres états.

2. *Samâdhi sans différenciation (nirvicâra-samâdhi)*

Cette absorption engendre une connaissance des qualités élémentaires subtiles englobant tous leurs états passés, présents et futurs, c'est-à-dire la totalité des transformations et mutations dont elles sont susceptibles. Par cette connaissance embrassant toutes les propriétés des *tanmâtra,* dans toutes les conditions spatiales et temporelles, le *yogin* s'absorbe dans le principe même du *tanmâtra,* antérieur à toute manifestation différenciée.

72. *Tattva-Vaiçâradî,* I, 17.

Ensuite vient la concentration sur des objets plus subtils encore que les *tanmâtra* : sur les « instruments de connaissance », c'est-à-dire les organes sensoriels *(jñânendriya)* et l'organe mental *(manas)*. Le *samyama* pratiqué sur eux produit un « *samâdhi* empreint de béatitude » *(sânanda-samâdhi)*. L'apaisement complet de ces fonctions cognitives donne, en effet, un bonheur plus grand que toute activité où elles pourraient être engagées. Cette félicité extrême envahissant l'esprit et les sens est le signe que le *guna sattva* y est encore mêlé à un soupçon de *rajas*.

Le *yogin* se concentre alors sur une cible encore plus subtile, le sens d'individuation *(ahamkâra)*, et, enfin, sur l'Intellect *(Buddhi)*. La subtilité atteint sa limite en *Prakrti*, en qui les *guna* deviennent non manifestés, et qui ne peut donc être prise comme objet de concentration. La plus haute forme de *samprajñâta-samâdhi* est le *samâdhi* sur le sentiment du « Je » *(sâsmita-samâdhi)*, où la pure conscience du « Je », dépouillée de tout attribut, au-delà même du sentiment de béatitude, est prise pour objet de concentration. C'est le *samâdhi* sur « le connaisseur », ce connaisseur n'étant pas le *Purusha* lui-même, mais *Buddhi* qui assume la forme du *Purusha*, étant devenue entièrement dominée par le *guna sattva* uniquement.

Toutes ces étapes du *samâdhi* avec cognition *(samprajñâta)* ont un objet pour support ; quelle qu'en soit la subtilité, elles dépendent de quelque chose pour se développer ; c'est pourquoi on les appelle *samâdhi* « avec support » *(sâlambana)*, *samâdhi* « avec semence » *(sabîja)*.

Les pouvoirs supranormaux

Durant cette période de perfectionnement graduel du *samâdhi*, toutes sortes de pouvoirs supranormaux (littéralement, *siddhi* : « accomplissements », ou *vibhûti* : « manifestations de puissance ») peuvent apparaître chez le *yogin*, et Patañjali consacre son troisième chapitre à en énumérer un bon nombre. Par exemple, en faisant *samyama* sur les impressions latentes, le *yogin* obtient la connaissance de ses vies passées ; en faisant *samyama* sur ses pensées, il peut lire la pensée des autres ; par le *samyama* sur le *karman,* il obtient la connaissance de l'heure de sa mort ; par le *samyama* sur l'amitié envers tous les êtres et autres vertus, il obtient l'excellence dans ces vertus ; par le *samyama* sur la force d'un éléphant, du vent, ou d'un être divin, il obtient la même force ; en dirigeant la lumière de la perception suprasensorielle, il obtient la connaissance d'objets subtils, cachés ou distants ; en faisant *samyama* sur le soleil (le point, dans le corps, appelé « porte du soleil »), il obtient la connaissance des régions cosmiques ; sur l'étoile polaire, la connaissance du mouvement des étoiles ; sur le cercle du nombril, la connaissance du système corporel ; sur le gosier, la cessation de la faim et de la soif ; sur le cœur, la connaissance du psychisme ; sur la relation entre l'ouïe et l'espace, l'audition divine ; sur les propriétés des éléments, la maîtrise des éléments, etc. « Quoi que le *yogin* désire connaître, il doit accomplir le *samyama* par rapport à cet objet [73]. » Enfin, le *yogin* qui est établi dans le discernement entre *Buddhi* et *Purusha* obtient l'omniscience et l'omnipotence.

Ces pouvoirs sont des obstacles par rapport à la réalisation ultime, mais des perfections par rapport à la connaissance ordinaire. Ils encouragent le *yogin* à persévérer, et affermissent sa foi dans la puissance du Yoga [74]. Mais ils constituent aussi une tentation pour le *yogin,* car celui-ci risque de s'installer dans une condition « divine » qui n'est pas encore la Délivrance. S'il fait usage à des fins profanes de ces pouvoirs surnaturels, la possibilité d'acquérir la vraie maîtrise, la Délivrance, se ferme pour lui. Seul un nouveau renoncement lui permet d'aller plus loin.

73. Vâcaspati Miçra, VI, 30.
74. Cf. *Y.B.,* I, 35.

Perfection du samprajñâta-samâdhi

Lorsque la compétence dans tous les degrés du *samprajñâta-samâdhi* est atteinte, et que l'esprit est parfaitement maîtrisé, capable de se fixer à volonté sur l'infiniment petit et l'infiniment grand, sur l'atomique et le macrocosmique, il règne un calme et une transparence absolus dans les profondeurs de l'âme *(adhyâtma)* [75]. Toutes les impuretés qui voilaient la luminosité de *Buddhi* sont éliminées, et il y a un transparent flot d'illumination et de quiétude, exempt de la moindre touche de *rajas* et de *tamas*. La pureté de *Buddhi* atteint un tel degré qu'elle semble égaler celle du *Purusha.* Quand le yogin parvient ainsi au plus haut développement possible de l'esprit *(citta),* il détient le pouvoir de connaître toutes choses véritablement, à la fois simultanément, en dehors de toute succession temporelle, et globalement, dans tous leurs aspects, « comme l'homme du sommet de la montagne voit tout ce qui se passe dans la vallée ». Cette connaissance ne s'élève pas partiellement, par fragments et accumulation, comme la connaissance ordinaire, mais elle embrasse la totalité du connaissable en même temps. C'est ce type de connaissance que les sages ont communiqué au monde sous forme de Textes Révélés *(çruti).* Cette connaissance est r*tambhara,* « lourde de Vérité », ne comportant aucune trace de méprise, de déformation ou d'imagination.

Les impressions laissées par une telle Connaissance s'opposent à la formation de toute autre impression, et paralysent les impressions empiriques antérieurement déposées dans le psychisme. Les impressions *samsâriques* ainsi supprimées, les modalités mentales surgissant de celles-ci ne s'élèvent plus. Quand ces modifications sont interrompues, seule rayonne la Connaissance résultant du *samâdhi,* ainsi que les impressions véridiques qu'elle laisse dans l'esprit. « Par rapport à l'infinitude de la Connaissance, qui a été dégagée de sa gangue d'impuretés, le

75. Cf. *Y.S.*, I, 47.

connaissable apparaît alors comme petit [76] », « comme un minuscule insecte dans le vaste ciel [77]. »

II. Samadhi supra-cognitif (asamprajnata-samadhi)

Atteignant alors un extrême détachement envers la connaissance intégrale et parfaite de tout le connaissable, depuis les éléments perceptibles jusqu'à *Prakrti,* le *yogin* renonce même à la plus haute forme de *samprajñâta-samâdhi,* celle qui est établie dans le discernement entre *Purusha* et *Prakrti.* « Lorsque même cela est suspendu, se produit le *samâdhi* vide de tout objet *(nirbîja),* toutes les modifications psychiques étant interrompues [78]. » Durant ce *samâdhi,* qui est appelé aussi « sans support » *(nirâlambana),* ou « supra-cognitif » *(asamprajñâta),* le psychisme *(citta),* ayant accompli sa mission, se résorbe, ainsi que toutes les impressions latentes, dans sa cause, le non-manifesté *(Prakrti),* et l'essence de l'homme (le *Purusha*) seule demeure. Le *Purusha* est libéré de l'emprise du manifesté, « isolé », révélé à lui-même. Par rapport à ce *samâdhi* vide de toute cognition qui est le *samâdhi* suprême, le but ultime du Yoga, le *samâdhi* avec cognition est lui-même un « membre extérieur », c'est-à-dire une étape préliminaire. De même que pour trouver le domicile d'un ami, on a d'abord besoin d'indications extérieures (le nom de la ville, de la rue, le numéro de la maison, etc.), mais une fois qu'on le connaît, on s'y dirige directement sans prêter aucune attention aux points de repère extérieurs, de même le *yogin* a alors la capacité d'entrer directement dans l'essence de son être, sans prendre appui sur aucune fixation d'objets extérieurs à lui-même. Il a rejeté tout support et réalisé sa véritable nature : « L'Isolement est l'établissement de la Conscience suprême dans son propre Soi [79]. »

76. *Y.S.*, IV, 31. — 77. *Y.B.*, ibid., — 78. *Y.S.*, I, 51. — 79. Y.S., IV, 34.

Le « Délivré dès cette vie » (jîvan-mukta)

Le *yogin* est alors ce qu'on appelle un « Délivré-vivant » *(jîvan-mukta)*. Il continue d'avoir une existence corporelle, parce qu'il lui reste un résidu karmique à consommer, de même que la roue du potier continue à tourner un certain temps à cause de l'élan acquis, même quand le potier a cessé de la mouvoir et que le pot est achevé. Mais il ne fait rien, ne pense rien, n'éprouve rien sous l'emprise de son propre esprit ; il en est à tout instant le maître, et peut le faire apparaître, comme instrument à son service, ou disparaître, à volonté. Il est définitivement libéré de toute souffrance et de toute dépendance. Il ne jouit plus d'une conscience individuelle, restreinte au moi, ou, comme l'exprime Mircea Eliade, « alimentée par sa propre histoire, mais d'une conscience-témoin, qui est lucidité et spontanéité pures » [80]. Comme cet auteur, « nous n'essaierons pas de décrire cet état paradoxal : aussi bien, obtenu par la " mort " à la condition humaine et la renaissance à un mode d'être transcendant, il est irréductible à nos catégories » [81]. Il faut seulement mentionner qu'après la mort du corps physique le Délivré est définitivement dégagé de l'engrenage des renaissances dans des modes d'existence conditionnés.

80. *Le Yoga, immortalité et liberté*, Payot, Paris, 1954, p. 359.
81. Id., *ibid.*

IV. LE YOGA DE L'ACTION *(KARMA-YOGA)*

Le Yoga tel que l'a formulé Patañjali et l'a explicité toute la tradition « classique », constitue à n'en pas douter la forme éminente, plénière, « royale » du Yoga *(Râja-yoga)*. Mais cette forme s'adresse avant tout à des hommes qui sont en mesure de consacrer tout leur temps et toutes leurs énergies à la pratique du Yoga, c'est-à-dire, essentiellement, aux « renonçants » *(sannyâsin)*, à ceux qui sont morts au monde social, à son réseau d'activités et d'obligations.

Mais qu'en est-il de l'homme dans le monde, de celui qui demeure engagé dans l'action, lié par toutes sortes de responsabilités ? Lui faut-il forcément tout quitter, tout abandonner, ou se voir exclu du Yoga ? Le Yoga doit-il rester l'apanage des contemplatifs qui s'en font les spécialistes ? Et ses principes sont-ils inapplicables à l'homme dans le monde ?

La Bhagavad-Gîtâ

Toute la *Bhagavad-Gîtâ* est consacrée à l'élucidation de cette grave question, qui met en jeu toute l'orientation de la société elle-même ; et cette œuvre inspirée [1] constitue

1. Faisant partie de l'immense épopée du *Mahâbhârata,* la *Bhagavad-Gîtâ* met en scène le *guru* et guide divin, incarné sous la forme

le manuel par excellence du *Karma-yoga,* Yoga de l'action, Yoga en action. Elle opère une remise au point de la notion de renonciation, et évite la dangereuse dichotomie entre contemplation et action, qui tendrait à faire du Yoga un phénomène exceptionnel et rare, en dehors du domaine de la vie courante, et à le reléguer hors de la cité, comme cela s'est passé en Occident, avec l'élimination progressive du sacré.

Inévitabilité de l'action

Tout d'abord, enseigne K*r*sh*n*a, il est impossible d'échapper complètement à l'action, ne serait-ce que pour rester en vie :

« Car nul ne demeure même un instant sans action ; tout être est inévitablement contraint à l'action par les modes *(guna)* de *Prakrti* [2]. »

« Ce n'est pas simplement en s'abstenant des œuvres qu'un homme atteint l'état de non-agir, ni simplement en renonçant (aux activités) qu'il parvient à la perfection [3]. »

K*r*sh*n*a dénonce l'hypocrisie d'un renoncement extérieur :

« Celui qui restreint ses organes d'action, mais reste assis à se remémorer en esprit les objets des sens, de cet homme-là, qui se fourvoie spirituellement, on dit qu'il a une conduite mensongère.

« Mais, ô Arjuna, celui qui, gardant le contrôle sur les sens au moyen de l'esprit, sans attachement, s'engage avec les organes d'action dans le Yoga de l'action, celui-là excelle.

humaine de K*r*sh*n*a, enseignant ce *Karma-Yoga* au héros humain Arjuna, au milieu du champ de bataille, qui symbolise l'action en général. Arjuna, déprimé et découragé, hésite devant l'engagement et veut abandonner la lutte, se réfugiant dans une fausse compréhension du renoncement.

2. *Bh.G.,* III, 5. — 3. *Bh.G.,* III, 4.

« Accomplis, toi, l'action prescrite, car l'action est supérieure à l'inaction ; même ta vie physique ne saurait se maintenir sans action [4]. »

I. Conformité à sa propre nature, obéissance à sa propre loi d'action (svadharma)

1. L'ordre social *(varna)*

Telle est la première définition de la voie de l'action : accomplir l'action qui vous incombe, sans attachement. Car « mieux vaut pour chacun sa propre loi d'action *(svadharma),* même imparfaite, que la loi d'autrui, même bien appliquée. Mieux vaut périr dans sa propre loi ; il est périlleux de suivre la loi d'autrui [5] ».

Pour l'hindouisme, la position où l'on se trouve dans la société, et la situation à laquelle on a à faire face dans sa propre vie ne sont nullement l'effet du hasard. Elles ont un lien profond, même s'il est indiscernable, avec notre être propre, n'étant que la fructification de nos actes passés.

Le premier précepte est de ne pas chercher à échapper aux conditions que l'on s'est soi-même attirées, mais de les assumer pleinement, en accomplissant la fonction dont on est investi, en sachant rester à sa place appropriée dans ce grand corps qu'est la société. La société indienne traditionnelle, ne l'oublions pas, est fondée sur des principes opposés à ceux de nos sociétés modernes. Pour elle, il ne saurait exister ni égalité ni liberté, du moment qu'il y a société. Tous les hommes sont différents, se situant à divers degrés dans l'immense échelle de l'évolution, et tous sont liés par des obligations envers les autres, tous sont interdépendants. « Il s'agit avant tout d'ordre,

4. *Bh.G.*, III, 6-8. — 5. *Bh.G.*, III, 35.

de hiérarchie, chaque homme particulier doit contribuer à sa place à l'ordre global [6]. »

Il n'y a donc pas un devoir « standard », identique pour tous, un modèle qui serve à niveler tous les êtres. Les droits et les devoirs varient selon les conditions : les époques cosmiques *(yuga),* le lieu, le temps, les circonstances, le tempérament, la vocation, le stade de vie, le sexe, les moyens, etc. Ce qui est juste pour un homme peut être péché pour un autre. De même que la forme des images divines est prescrite dans les traités d'iconographie *(Çilpa-çâstra),* celle des actes humains est réglée par les *Dharma-çâstra,* qui enseignent la science de l'application des principes à la variété des situations particulières.

Il serait trop long d'entrer dans un exposé, même résumé, de cette science ; mais rappelons-nous seulement que le devoir qui incombe en propre *(svadharma)* à quelqu'un est d'abord déterminé par l'ordre social auquel il appartient. Si l'on appartient à la catégorie *(varna)* des brahmanes, le devoir assigné comporte entre autres l'étude et l'enseignement des *Veda,* c'est-à-dire la transmission de la connaissance dans toute sa pureté, son intégralité, et sans laisser se perdre le sens profond. « La naissance d'un brahmane est une éternelle incarnation de la loi sacrée. Car il est né pour accomplir la loi sacrée, et devenir un avec la Réalité Suprême [7]. » Et l'on nous dit qu' « un brahmane qui ne connaîtrait pas les *Veda* est aussi inutile et bon à rien qu'un eunuque avec une femme est impuissant, une vache avec une vache, non prolifique, et un don à un imbécile, fait en pure perte [8] ».

Le *kshatriya,* qui détient la fonction politique, exécutive, défensive, est chargé de l'application des normes idéales à la réalité d'ici-bas, et de la protection des gens et des choses. Pour exercer cette fonction, il est de son devoir

6. Louis Dumont, *Homo Hierarchicus,* N.R.F., Gallimard, 1966, p. 23.
7. *Manu,* I, 98.
8. *Manu,* II, 158.

d'employer la force légale, le châtiment, littéralement « le bâton » *(danda)* ; car en l'absence du châtiment, la loi de la jungle prévaudrait. « S'il n'y avait pas sur terre de roi portant le bâton du châtiment, les forts rôtiraient les faibles comme des poissons sur une pique [9]. » Le châtiment « doit être administré inlassablement et sans faute, car l'erreur est ici aussi fatale que l'absence : toutes deux conduisent à la corruption des *varna*, à la rupture des digues, à la guerre de tous contre tout. Il s'ensuit que le roi doit craindre son propre pouvoir : on le conseille longuement sur les voies et moyens d'éviter l'injustice, car l'injustice le détruirait [10]. » La loi d'action du *kshatriya* comporte donc l'emploi légitime de la violence. Et n'oublions pas que c'est à un *kshatriya* que s'adresse Krshna, lui prouvant que dans son cas, étant donné sa vocation de *kshatriya,* le retrait de l'action ne peut être interprété que comme lâcheté et défection. L'éthique du *kshatriya,* comme celle du samouraï japonais, inclut la dextérité, la rectitude, la loyauté, la générosité, la maîtrise de soi et l'héroïsme, c'est-à-dire toutes les qualités propres à l'action. C'est pourquoi le *Karma-yoga* est la voie qui lui correspond tout particulièrement. Toutes ces qualités sans doute sont nécessaires aussi à la méditation, dont elles forment l'élément de *vîrya* (énergie, détermination, précision), mais elles y sont présentes en mode intérieur, invisiblement ; tandis que dans l'action, elles se déploient dans la dimension spatio-temporelle, en mode extérieur, théâtral.

De même, pour le *vaiçya* (membre de la catégorie des éleveurs, agriculteurs et commerçants), la production, l'accumulation et la distribution des richesses font partie intégrante de son *svadharma.* Mais quelle que soit l'occupation à laquelle on se livre, il ne faut pas y voir un moyen d'assurer sa subsistance et de chercher son avantage personnel, mais avant tout un moyen de collaborer, un service rendu à l'ensemble du corps social. La prospérité et

9. *Mahâbhârata,* XII, 67, 16.
10. Louis Dumont, *Homo Hierarchicus,* p. 365.

l'épanouissement de chaque individu résultent naturellement du dévouement de chacun à tous. Le *dharma* est ce qui maintient ensemble les êtres par les liens des droits et des devoirs mutuels. C'est la loi de la cohésion interne (cf. en latin le rapport entre *lex* : la loi, et *ligare* : lier) qui maintient un organisme individuel, social ou cosmique dans sa forme propre, et l'empêche d'éclater ou de dégénérer. Obéir à son *svadharma,* c'est être conscient de ce lien et assumer de son plein gré son rôle spécifique dans cet ensemble, en donnant la primauté au bien général. C'est aussi être conscient de ses capacités, de sa vocation propre, de manière à servir la société en donnant le meilleur de soi-même, et non pas ce pour quoi l'on n'est pas fait. L'intellectuel sert par sa réflexion, l'actif par son action, l'artiste par son art, l'artisan par son travail, etc., l'essentiel est que réflexion, action, art, travail ne servent pas des fins personnelles, mais soient ordonnés aux fins immédiates ou ultimes du corps social tout entier, et que nul n'usurpe une fonction pour laquelle il n'a pas d'aptitude.

On ne peut, dans l'Inde traditionnelle, se soustraire à ce réseau de relations et d'interdépendance au nom d'un simple désir de tranquillité et de liberté personnelle, mais seulement au nom d'un devoir plus haut, plus exigeant encore. On ne peut abandonner son activité sociale et se mettre en quête du but ultime de la vie, la libération *(moksha)* — en entrant directement [11] dans ce qui constitue normalement le quatrième stade de la vie : l'état de renonçant *(sannyâsa)* — que si l'on est vraiment mûr intérieurement, si l'appel est irrésistible, et si l'on ne laisse pas les siens dans la détresse ou dans une situation critique. Si ces conditions ne sont pas réunies, la libération que l'on doit rechercher n'est pas libération de l'activité, mais libération du désir. On gagne davantage à accomplir l'action parfaitement, d'une manière impersonnelle, sans désir, sans en attendre un résultat, une récompense ou une

11. Comme l'ont fait le Bouddha et d'autres *kshatriya*.

approbation, qu'à vouloir se débarrasser de l'action. Le *Mahâbhârata* nous met en garde : le désir, la convoitise *(kâma)* sont en embuscade, cachés derrière l'aspiration à la libération elle-même, pour déconfire celui qui ne se méfie pas assez de lui-même.

2. Les trois dettes

De quelle façon peut-on dire encore qu'un homme n'est pas libre, qu'il est lié par des obligations ? Pour l'Inde ancienne, tout homme à sa naissance, du fait même qu'il accepte le don de la condition humaine, et les possibilités d'expérience qu'elle permet, contracte une triple dette :

1. La dette envers les dieux *(deva-*rn*a),* c'est-à-dire envers les forces cosmiques, qui fournissent à l'individu l'environnement naturel, la terre, l'air, les eaux, etc., et son propre corps.

2. La dette envers les ancêtres *(pit*r*-*rn*a)* : proches et lointains, les ancêtres fournissent la spécificité de l'espèce humaine, véhiculée au moyen de la semence.

3. La dette envers les sages *(*r*shi-*rn*a)* : sages, maîtres spirituels, inspirés, ils ont communiqué la civilisation, la connaissance des valeurs supérieures, et sans eux l'existence humaine ne serait qu'animalité et barbarie.

Avant de chercher quoi que ce soit pour lui-même, l'homme doit d'abord rembourser ces trois dettes, afin que son passage sur terre ne soit pas une source de déprédation, et qu'il puisse, à sa mort, laisser le monde dans un état, sinon meilleur, du moins aussi bon que celui où il l'a trouvé. Pour cela il doit :

1. Offrir des sacrifices selon sa capacité, pour s'acquitter de sa dette envers les dieux. Le « sacrifice » est pris dans un sens très extensif, il peut emprunter de multiples formes et n'est pas à interpréter seulement en mode rituel. Nous verrons que finalement, « l'accomplissement parfait

de nos travaux, quels qu'ils puissent être, est lui-même la célébration du rite [12] ».

2. Engendrer un enfant, lui donner ou faire donner une éducation complète et appropriée, l'initier dans la profession des parents. En prolongeant ainsi la lignée et en transmettant la connaissance, on s'acquitte de sa dette envers les ancêtres. « Une lignée familiale trouve sa fin, non pas quand les descendants font défaut (l'adoption peut y suppléer), mais quand la vocation et la tradition de la famille sont abandonnées [13]. »

3. Etudier le *Veda* ou du moins une « branche » du *Veda,* et éventuellement l'une des sciences et des traditions ou l'un des arts qui s'y rattachent. On acquitte ainsi sa dette envers les sages.

Telle est l'action *(karman)* qui incombe aussi bien aux *vaiçya* et aux *kshatriya* qu'aux brahmanes.

3. Le stade de vie *(âçrama)*

Le *svadharma* se différencie aussi selon le « stade de vie » *(âcrama)* dans lequel on se trouve. La vie humaine est divisée en quatre stades. Le premier est l'état d'étudiant *(brahmacarin),* période d'étude, de purification, de discipline ; le deuxième est l'état de mariage et d'activité professionnelle *(grhastha),* avec ses responsabilités et ses droits ; le troisième est l'état de retraite *(vanaprastha),* initialement dans un ermitage en forêt, et de recueillement, simplicité, et pauvreté relative ; le quatrième est l'état de renoncement total *(sannyâsa).* Chaque stade comporte ses tâches, ses obligations et son éthique propre. Les deux premiers sont obligatoires, les deux derniers facultatifs. Mais on ne peut normalement [14] songer au renoncement

12. Ananda Coomaraswamy, *Hindouisme et Bouddhisme,* p. 53.
13. Id., *ibid.,* p. 58.
14. Sauf en cas de vocation exceptionnelle, mais la loi générale est celle d'un cheminement progressif. Le renoncement et la continence ne

avant d'être passé par les deux premiers stades et avoir accompli les devoirs correspondants.

« Celui qui est passé à travers tous les stades l'un après l'autre, ayant offert les sacrifices, ayant contrôlé ses sens, ayant acquitté ses trois dettes de naissance, qu'il dirige son esprit vers la recherche de la libération [15]. »

Cependant, Manu est formel : d'entre les quatre stades, celui de l'étudiant, du maître de maison (*grhastha,* littéralement, celui « qui demeure dans une maison », c'est-à-dire qui mène la vie de famille), de l'ermite et du renonçant, c'est l'état de maître de maison qui est supérieur, parce que c'est lui qui supporte tous les autres. Il est donc loisible de chercher la libération sans quitter la vie active.

4. L'obligation sacrificielle

En dehors de ses activités professionnelles, tout « maître de maison » est tenu d'accomplir chaque jour, à titre personnel, un quintuple sacrifice, qui est une autre manière de rembourser « les trois dettes ». Ces cinq « grands sacrifices » *(mahâ-yajña)* sont grands non pas par les moyens qu'ils mettent en œuvre, mais par leur effet, qui est de purifier la conscience de tout mal.

1. Quand on fait une oblation dans le feu, ne serait-ce que d'un morceau de bois, le sacrifice aux dieux *(deva-yajña)* est accompli.

2. Quand on récite ne serait-ce qu'une seule stance, une seule formule ou une seule mélodie du *Veda,* le sacrifice

sont pas demandés d'un adolescent « qui n'a pas goûté la vie », et risque donc ultérieurement d'être détourné de sa voie par la fascination des plaisirs des sens et l'éveil de besoins insatisfaits, mais à un homme mûr, expérimenté, qui « est passé par là », donc n'en attend plus rien et peut se rendre entièrement disponible pour un but plus élevé.

15. *Manu,* VI, 34-35.

à la Parole sacrée, à la Connaissance *(Brahma-yajña)*, qui honore les sages *(Rshi)*, est accompli.

3. Quand on offre ne serait-ce qu'une libation d'eau pure accompagnée de *mantra*, aux ancêtres, le sacrifice aux ancêtres est accompli.

4. Quand on offre une portion de la nourriture quotidienne, avant de prendre son repas, en la déposant près du seuil, le sacrifice aux êtres vivants *(bhûta-yajña)* est accompli. Chiens, oiseaux, serpents, etc., tous les êtres doivent être honorés.

5. Quand on reçoit un hôte avec hospitalité, le sacrifice aux hommes *(manushya-yajña)* est accompli (non pas journellement, mais chaque fois qu'un hôte se présente, ou qu'on peut partager son repas avec un invité).

Ces cinq « grands sacrifices » s'opposent aux autres en ce qu'ils sont obligatoires, ne nécessitent aucun appareil, ni l'aide d'assistants. Ils doivent être continuellement renouvelés. Dans *Manu*, on les présente comme la réparation faite pour effacer les péchés de violence commis dans la vie courante en manipulant des instruments comme le four, la meule, le pilon et le mortier, etc., c'est-à-dire en faisant subir des traitements violents à la matière.

« Celui qui ne nourrit pas ces cinq : les dieux, ses hôtes, les êtres vivants qu'il a la responsabilité de soutenir, les ancêtres, et son propre soi, cet homme est un mort-vivant [16]. »

On voit que la vie active en elle-même est déjà conçue comme une activité culminant dans le sacrifice et le don.

II. L'action désintéressée

Le *karma-yogin* trouve au sein même de l'activité qui lui échoit par fonction ou par vocation, la même libération que le renonçant atteint dans l'immobilité de la posture et le

16. *Manu*, III, 72.

retrait des sens. Son secret est simple : la libération est renoncement au désir égoïste :

« Sans attachement, accomplis toujours l'œuvre qui doit être faite ; car en faisant l'œuvre sans attachement, l'homme atteint au suprême [17]. »

« Celui qui accomplit l'œuvre qui lui incombe sans nul souci des fruits de l'œuvre, celui-là est le *sannyâsin* et le *yogin,* et non l'homme qui n'allume plus le feu sacrificiel et n'a plus d'activités [18]. »

Le renoncement n'est pas abandon des actes, mais des résultats que nous escomptons en obtenir pour nous-mêmes :

« Tu as droit à l'action, mais seulement à l'action, et jamais à ses fruits ; que les fruits de tes actions ne soient point ton mobile ; et pourtant ne permets en toi aucun attachement à l'inaction [19]. »

Ce Yoga aboutit à accomplir tout acte à la fois parfaitement, pour l'amour de la chose (« le Yoga est dextérité dans les actes [20] ») et impartialement, impersonnellement. L'effacement du moi *(ahamkâra),* qui est recherché dans toutes les formes de Yoga, s'exprime dans l'action par l'équanimité :

« Il n'a pas d'espoirs personnels, son esprit et son être sont parfaitement sous son contrôle, il a rejeté tout sens de possessivité...

« Satisfait avec ce qui lui échoit sans qu'il l'ait recherché, ayant franchi les dualités, n'enviant personne, égal dans l'échec et le succès, il n'est pas enchaîné alors même qu'il agit [21]. »

C'est le Yoga de l'égalité d'âme : « Il ne se réjouit pas quand il reçoit ce qui est plaisant, ni ne s'afflige quand il reçoit ce qui est déplaisant [22] », « il considère d'un œil égal la motte d'argile et l'or », « l'ami et l'ennemi, le juste et l'injuste [23] », etc.

17. *Bh.G.* III, 9. — 18. *Bh.G.,* VI, 1. — 19. *Bh.G.,* II, 47. — 20. *Bh.G.,* II, 50. — 21. *Bh.G.,* IV, 21-22. — 22. *Bh.G.,* V, 20. — 23. *Bh.G.,* VI, 8-9.

III. L'action consciente

Mais comment le *karma-yogin* atteint-il à cette équanimité ? Tout d'abord par la Connaissance :

« Alors que toutes les actions sont accomplies entièrement par les modes de la nature (les *guna de Prakrti*), l'homme dont la compréhension est égarée par l'égoïsme pense : " C'est moi qui agis. "

« Mais, ô guerrier au bras puissant, celui qui connaît les vrais principes des catégories de modes *(guna)* et d'actions *(karman),* se rend compte que ce sont les modes qui agissent et réagissent l'un sur l'autre, et il ne se laisse pas enfermer en eux par l'attachement [24]. »

Il sait que son être véritable *(Purusha)* est distinct de tout le monde manifesté, non agissant et immuable. Il s'engage dans l'action avec les organes de l'action et les facultés mentales, mais sans s'y identifier, car le Témoin en lui est éveillé, le Spectateur non engagé, qui ne peut rien gagner ni perdre.

« L'homme qui fonde ses délices dans le Soi, qui est satisfait avec le Soi, et dans le Soi seul trouve son contentement, il n'existe pas pour lui d'œuvre qu'il faille accomplir.

« Il n'est rien en ce monde qu'il puisse gagner par l'action qu'il accomplit, et rien non plus par l'action qu'il n'accomplit pas. Il ne dépend de rien ni de personne [25]. » C'est pourquoi il peut agir avec un parfait détachement, uniquement pour le bien des créatures.

« De même que ceux qui ne savent pas agissent avec attachement à l'action, ô Bhârata, celui qui sait doit agir sans attachement, ayant seulement pour mobile la protection des mondes [26]. »

La libération du désir n'est réalisée que dans la mesure où l'homme est capable d'être pleinement présent et conscient dans son action.

24. *Bh.G.*, III, 27. — 25. *Bh.G.*, III, 17-18. — 26. *Bh.G.*, III, 25.

IV. L'héroïsme

Mais pour arriver à ce désintéressement, la Connaissance ne sufift pas, il faut aussi un héroïsme de combattant, pour mettre à mort en soi-même « la grande voracité, la grande souillure : l'avidité et la colère, enfants du *guna rajas,* qui sont l'ennemi par excellence ici-bas.

« Comme un feu est recouvert par la fumée, un miroir par la poussière, un embryon par l'amnios..., enveloppée est la Connaissance, ô fils de Kuntî, par cet ennemi éternel des sages, ce feu insatiable qui a pour forme le désir.

« Les facultés sensorielles, mentales, et l'intellect en sont le siège. A travers eux recouvrant la Connaissance, il égare l'être incarné.

« Aussi, ô toi le meilleur des Bhârata, dès l'abord maîtrisant les sens, abats ce malfaiteur, destructeur de la Connaissance et du Discernement ! [27] »

En ce sens, le *Karma-yoga* est la transposition spirituelle de la vertu du *kshatriya.* Chacun doit être à soi-même son propre *kshatriya,* assumer la fonction royale par rapport à sa propre vie, dans la mesure où il est le seigneur de ses activités et de ses appétits. Le *kshatriya* est responsable de ce monde-ci, il opère la jonction entre le Ciel et la Terre. Grâce à lui s'opère la descente de la perfection divine dans le terrestre et le matériel. De même sur le plan individuel, c'est par cette vertu, cette virilité de *kshatriya* que la sagesse et la connaissance cessent d'être théoriques et sont appliquées effectivement dans des actes. Cela ne va pas sans une certaine coercition, ou du moins régulation, car la turbulence des sens et l'insatiabilité des désirs n'ont pas de limite. Le *kshatriya* est celui qui impose une limite, il est celui qui dit « non, jusqu'ici mais pas au-delà ! », et en ce sens il est l'officiant, celui qui monte la garde auprès du sacrifice (*ob-facere* : dire non, faire obstacle = *offi-*

27. *Bh.G.,* III, 37 à 41.

cere : officier), qui protège de son épée le cercle sacré. Sans l'héroïque présence du *kshatriya,* le monde est livré aux appétits féroces des marchands et à l'envahissement des égoïsmes aveugles. De même c'est par cet héroïsme vis-à-vis de lui-même que le *karma-yogin* ordonne sa propre vie et permet au Soi de régner sur le moi.

V. L'action comme sacrifice

Lorsque le moi est conquis, « toutes les entreprises sont libres de plans animés par le désir, et les œuvres sont brûlées au feu de la Connaissance [28] » ; toute action du *yogin* prend alors la valeur d'une activité sacrificielle :

« Exempt d'attachement, libéré, l'esprit fermement établi dans la Connaissance, il fait les œuvres comme sacrifice [29]. »

« En faisant les œuvres autrement que comme sacrifice, ce monde des hommes est tenu enchaîné par les œuvres ; pratique les œuvres en tant que sacrifice, ô fils de Kuntî, te libérant de tout attachement [30]. »

Nous avons vu que les devoirs spécifiques enjoints à toutes les castes instillent déjà cette notion du sacrifice, opposée à la tendance égocentrique. Chacun doit penser d'abord à coopérer selon son pouvoir à l'ordre social et cosmique, et la prospérité générale s'ensuit automatiquement, dont chacun bénéficie, alors que si chacun cherche et revendique en premier lieu son bien propre, envers et contre tous, la société n'est que tiraillements, conflits, misère pour tous. Toute la civilisation indienne est fondée sur le symbolisme du sacrifice, qui instaure une compétition pour donner. Le feu sacrificiel dans lequel est jetée l'oblation représente ce Feu transmutateur en qui chacun

28. *Bh.G.*, IV, 19. — 29. *Bh.G.*, IV, 23. — 30. *Bh.G.*, III, 9.

doit offrir son égoïsme, sa propre nature séparée. Le sacrifice opère ainsi la réunification du cosmos, divisé en autant de parcelles qu'il y a de « moi » individuels ; il rétablit l'unité primordiale. L'offrande de la part représente en réalité l'offrande de soi-même. Or tout acte, tout service, peut être interprété en termes d'offrande, de sacrifice. Et la loi de la réciprocité fait que « celui qui offre le sacrifice sait, quelle que soit la raison pour laquelle il l'offre, qu'il recevra en retour pleine mesure, ou plutôt mesure supérieure, car si son trésor à lui est limité, celui de l'autre partie est inépuisable [31] ». Il offre son moi limité, et reçoit en retour la participation à l'Etre total, à l'Un indivis. C'est pourquoi il s'ensuit inéluctablement que « celui qui offre le sacrifice s'épanouit aujourd'hui-même dans ce monde-ci et dans l'autre [32] ».

Celui qui accomplit les actes d'une manière désintéressée, en renonçant au « moi » et au « mien », comme une opportunité de servir et d'offrir, lui seul sacrifie, au sens littéral, c'est-à-dire « fait des actes sacrés » *(sacra facere),* car « tout acte accompli parfaitement a été nécessairement accompli avec amour, de même que tout acte mal fait l'a été sans diligence [33] ». C'est ainsi que K*r*sh*n*a formule la loi éternelle :

« Par le Sacrifice nourris les dieux, et laisse les dieux te nourrir. L'un par l'autre étant nourris, tu atteindras le but suprême.

« Nourris par le sacrifice, les dieux te donneront les joies désirées. Celui qui jouit des joies qu'ils donnent et ne leur a rien donné, celui-là en vérité est un voleur [34]. »

Tout ce qui est consommé, tout ce dont on jouit, tout ce qu'on mange, est d'abord offert au principe divin, et une part de cela est symboliquement ou effectivement prélevée pour être offerte. Ce qui reste est considéré comme

31. A. Coomaraswamy, *Hindouisme et Bouddhisme,* p. 45.
32. *Taittirîya-Samhitâ,* V, 5, 2, 1.
33. A. Coomaraswamy, *ibid.,* p. 46.

prasâd, reliefs de sacrifice, ce que la divinité vous restitue de votre offrande en l'accompagnant de sa grâce.

« Les bons qui mangent ce qui reste du sacrifice sont délivrés de tout péché ; mais ceux-là sont des méchants et jouissent du péché, qui cuisent la nourriture pour eux-mêmes [35]. »

Cette grâce, cette bénédiction, cette abondance qui se déverse sur celui qui consacre ainsi ce dont il jouit, le considérant comme chose reçue et non comme chose prise, est comparée à la pluie fertilisante qui vient du ciel, comme une réponse à la fumée du sacrifice qui s'élève vers le ciel. Cette pluie passe dans la terre et les plantes, et celles-ci nourrissent les êtres vivants. C'est ce cycle cosmique, fait de don réciproque, qu'il faut préserver.

« Celui qui ne suit pas en ce monde la roue ainsi mise en mouvement, mauvais est son être, sensuelles sont ses délices, en vain, ô Pârtha, vit cet homme [36]. »

S'ils sont accomplis dans cet esprit sacrificiel, nos travaux, quels qu'ils soient, prennent la valeur de rites. Il n'y a pas d'œuvre qui soit petite, sans importance, si elle est consacrée par cette attitude intérieure « Le sacrifice, ainsi entendu, ne consiste plus seulement à accomplir en certaines circonstances des actes spécifiquement sacrés, mais à sacrifier [à rendre sacré] tout ce que nous faisons et tout ce que nous sommes... Chaque fonction, depuis celle du prêtre et du roi jusqu'à celle du potier et du balayeur, est littéralement un sacerdoce, et toute action un rite [37]. » Ce qui compte n'est pas la nature du travail, mais la manière et l'esprit dans lequel il est accompli. Chaque fonction de la vie active devient un moment du sacrifice, et même les actes de respirer, de manger, de boire, de parler et de se taire peuvent être vécus comme une « session rituelle » ininterrompue. L'homme atteint

34. *Bh.G.*, III, 11-12. — 35. *Bh.G.*, III, 13. — 36. *Bh.G.*, III, 16.
37. A. Coomaraswamy, *ibid.,* p. 54 et 57.

alors le même statut que la Divinité, le *Purusha* suprême qui crée, soutient et détruit continuellement le monde au moyen de sa *Prakrti,* sans que cette activité incessante l'enchaîne, sans qu'elle affecte son immuabilité essentielle.

V. LE YOGA DE L'AMOUR *(BHAKTI-YOGA)*

On distingue couramment trois voies de Yoga : celle de l'action *(Karma-yoga)*, celle de l'amour *(Bhakti-yoga)*, et celle de la connaissance *(Jñâna-yoga)*, correspondant aux trois aspects : volitif, affectif et cognitif, de l'esprit humain. En effet ces trois fonctions psychiques, la volonté, l'affectivité et l'intellect, quand elles ne peuvent pas être directement maîtrisées et immobilisées au moyen du *Râja-yoga*, doivent être purifiées de la souillure de l'ego au moyen de disciplines appropriées, le *Karma-yoga* purifiant la volonté, le *Bhakti-yoga* le sentiment, et le *Jñâna-yoga* l'intellect. Dans la mesure où il y a différents types humains, les uns naturellement plus dynamiques, d'autres plus émotifs, et d'autres plus intellectuels, chacun doit choisir la voie qui correspond davantage à son caractère ; mais dans la mesure où chaque homme, dans une proportion variable, participe inévitablement des trois, il doit rechercher un équilibre harmonieux en combinant les trois Yogas, ce qui lui permet d'atteindre le but plus rapidement. La *Bhagavad-Gîtâ* donne l'exemple à cet égard, en proposant un Yoga où les trois aspects sont indissociablement mêlés, se supportant et se renforçant l'un l'autre. Toutefois, même si l'on choisit de mettre l'accent sur l'une des trois voies exclusivement, elle doit déboucher, si elle est sincèrement poursuivie, sur la purification de l'être tout entier.

Le Yoga comme union

Le *Bhakti-yoga* est « la voie dans laquelle un amour intense permet au *yogin* de s'élancer jusqu'à la Réalité Ultime et de s'en emparer [1] ». Cette Réalité Ultime, qu'on l'appelle l'Absolu *(Brahman),* le Soi suprême *(Paramâtman),* le Seigneur *(Içvara)*, ou par toute autre désignation métaphysique ou théologique, est *a priori* indéfinissable et indescriptible :

« Ce qui est non manifesté, inaltérable, inconcevable, non né, immuable, indicible ; qui n'a ni forme, ni mains, ni pieds, ni aucun traits ; qui est tout-puissant, omniprésent, éternel, la source des êtres, lui-même sans cause ; c'est Cela le *Brahman,* c'est Cela le suprême état, c'est Cela qui doit être médité par quiconque aspire à la libération. C'est Cela dont parlent les Textes Révélés, c'est Cela l'extrêmement subtil, la suprême Demeure de Vish*n*u... Le mot " Dieu " (Bhâgavan) sert à exprimer ce Soi sans commencement, indestructible. C'est une expression pratique qui est utilisée pour l'adoration de cet Absolu auquel aucune désignation n'est applicable [2]. »

C'est pourquoi Nârada, dans ses *Aphorismes sur la bhakti (Bhakti-Sûtra),* préfère éviter toute définition de cette Réalité, qui serait une manière de l'abaisser au niveau des « noms et formes », et caractériser la *bhakti* comme « un amour suprême pour Cela [3] ». Pas de définition sectaire, mais un *Bhakti-yoga* fermement ancré dans la connaissance que toutes les Ecritures sont unanimes à établir : l'Absolu qui doit être adoré et réalisé est le même que le Soi *(âtman)* présent dans le cœur :

« J'adore le Seigneur qui est le Soi suprême, l'Un, la semence primordiale de l'univers, sans désir et sans forme, qui est réalisée par la syllabe sacrée AUM, dont tout pro-

1. Lilian Silburn, *La Bhakti,* p. 7.
2. *Vishnu-Puranâ,* VI, 5, 66.
3. *N.B.S.,* 2.

cède, par qui tout est maintenu, en qui tout se dissout [4]. »

La Divinité elle-même, incarnée dans la forme humaine de K*r*sh*n*a, révèle :

« Je suis, ô Gudakesha, le Soi qui siège au cœur de toutes les créatures ; Je suis le commencement, le milieu, et la fin de tous les êtres [5]. »

Ainsi l'amour de Dieu n'est rien d'autre que l'amour de la Réalité essentielle, du Soi ultime de l'homme, qu'il a pour ainsi dire oublié, dont il s'est semble-t-il écarté. L'homme est comme aliéné, décentré, oublieux de sa propre identité, tel un fils de roi recueilli et élevé depuis l'enfance par des rustres, et qui se prendrait pour l'un d'eux, ignorant son origine et son royal héritage. Mais, « de même que la larve qui s'associe avec l'abeille, à la fin devient elle-même une abeille, de même l'homme qui réalise son unité avec Dieu par le Yoga, à la fin ne fait lui-même plus qu'un avec Dieu [6] ».

La Réalité Divine est conçue dans les stades initiaux comme quelque chose de différent de l'âme humaine et d'infiniment supérieur à elle, étant donné qu'à ce stade l'être incarné s'identifie aux limitations mentales et matérielles procédant de la *Prakrti*. Mais, au terme de la discipline spirituelle, le *yogin* doit s'identifier à cette Perfection qu'il voyait d'abord comme extérieure à lui. Il commence par participer de plus en plus à toutes les éminentes qualités du *Purusha* suprême, puis il a l'impression de faire partie de la Divinité, et, ultérieurement, il réalise Dieu comme sa propre identité véritable. Cette gradation des degrés de réalisation, aboutissant à l'union *(yoga)* du soi individuel et du Soi suprême, est généralement exposée ainsi :

« O Seigneur, si je m'identifie avec le corps, je suis Ton serviteur ; quand je me considère comme une âme incarnée, je suis une parcelle de Toi-même ; mais quand je réalise

4. Çankarâcârya, *Vedasâraçivastava*, 5.
5. *Bh. G.*, X, 20.
6. *Yoga-çikhâ-Up.*, 11.

que je suis le Soi, je ne fais qu'un avec Toi, ceci est ma ferme conviction [7]. »

Concentration par l'amour

La démarche essentielle de tous les Yogas est de retirer l'esprit de la multiplicité des impressions sensorielles et de le fixer en un seul point. Mais le ressort de la voie de *bhakti* est l'amour, et, en cela, elle tire parti d'une loi psychologique évidente : la concentration découle naturellement de l'intérêt, de l'amour porté à une chose. Pourquoi l'esprit finit-il par s'ennuyer quand il demeure immobile sur un objet ? Parce qu'il n'a pas assez d'intérêt pour cet objet. Pourquoi l'esprit est-il tellement absorbé par la diversité des phénomènes qu'il en oublie de se tourner vers l'essentiel ? A cause de l'intérêt qu'il y prend. Il n'est captif que pour autant qu'il est captivé.

Dans le *Bhakti-yoga,* la Réalité Absolue, principe et support de toute existence, est personnalisée, est conçue et adorée comme une personne ou plutôt comme la Personne suprême *(Purushottama),* principe de toute les personnes, la première, la deuxième et la troisième. Ce n'est pas l'inébranlabilité de la volonté, ni l'évidence de la compréhension, mais l'intensité de l'amour qui draine toutes les forces de l'homme et les fait converger vers ce But suprême, car « qu'est-ce qu'un amour inapte à se fixer sur l'être aimé, ne fût-ce que quelques minutes, et qui se disperse sans cesse loin de lui [8] ? » Le *bhakta* (l'homme qui s'avance par la voie de *bhakti*) veut éprouver pour Dieu un amour aussi impétueux et irrésistible que la passion de l'amoureux, l'avidité de l'avare et la soif insatiable de l'ambitieux. « Quand donc, s'écrie-t-il, le cri jaillissant de moi sera-t-il assez fort pour que, immédiatement, Ton

7. *Adhyâtma-Râmâyana.*
8. L. Silburn, *La Bhakti,* p. 42.

essence devant moi fulgure d'évidence [9]. » Ainsi, la « dévotion » *(bhakti)* est un désir avide de Dieu, une méditation constante sur les moyens de Le posséder, une attention précautionneuse à éviter tout ce qui pourrait empêcher de L'atteindre.

Intuition de la Réalité comme Béatitude

Ce suprême amour pour la Réalité ineffable, qui caractérise la *bhakti,* n'est rien d'autre qu'une intuition de la béatitude du Soi, qu'un avant-goût du nectar ambrosiaque *(amrta)* : « En atteignant cela, un homme devient parfaitement réalisé, devient immortel, devient comblé à jamais. En obtenant cela, on ne désire plus rien, on ne hait plus, on ne se désole plus, on ne se réjouit plus, on ne poursuit plus rien. En connaissant cela, on devient ivre, on est figé sur place, on est immergé dans la jouissance du Soi. Quand on a goûté cela, on ne voit que cela, on n'entend que cela, on ne parle que de cela, on ne pense qu'à cela [10]. »

On sait que la Réalité ultime *(Brahman)* est triplement définie comme *sac-cid-ânanda* : « Etre absolu, Conscience absolue et Béatitude absolue. » C'est le troisième aspect plus particulièrement qu'appréhende le *bhakta.* La nature extrêmement merveilleuse, délicieuse de l'expérience spirituelle est reconnue par tous les sages, et symbolisée par la saveur du miel. L'expérience ultime est une expérience de félicité infinie, dont toutes les joies terrestres et paradisiaques ne sont qu'un pâle reflet. En fait, toute quête du bonheur n'est qu'un tâtonnement aveugle pour recouvrer la Félicité essentielle du Soi. Et celle-ci commence dès l'abord à se dévoiler à ceux qui suivent la voie de la

9. *Utpaladeva,* IX, 19. Toutes les citations d'*Utpaladeva* sont empruntées à la belle traduction qu'en a donné Lilian Silburn dans son livre sur *La Bhakti.*

10. *N.B.S.,* 4, 5, 6 et 55.

bhakti : « Bien que ton essence soit inconcevable, elle se montre à ceux qui T'aiment dès qu'ils commencent à méditer [11]. »

La *bhakti* est donc l'aspect affectif de la prise de conscience du Soi, qui se manifeste comme l'irruption d'une joie infinie, incomparable et non mélangée. Le Sâ*m*khya et, dans une certaine mesure, le Yoga de Patañjali ne parlaient que de l'aspect négatif de la libération : se dégager de l'impermanence, du changement incessant et des limitations de la *Prakrti* ; mettre un terme aux misères de l'existence conditionnée. Le *Bhakti-yoga* insiste uniquement sur l'aspect positif : la libération, c'est retrouver l'état de félicité naturelle du Soi, en s'unissant au Principe suprême.

Mais cette « immersion dans l'océan de Béatitude » représente l'aboutissement, « la bhakti suprême » *(parabhakti)*. Voyons la méthode pour s'y acheminer, c'est-à-dire « la *bhakti* comme effort de réalisation » *(sâdhana-bhakti)*.

I. L'objet d'adoration

« L'esprit a horreur du vide. Il doit être engagé dans une chose ou une autre. S'il médite sur les objets des sens, il devient mondain, s'il se souvient continuellement de Dieu, il devient divin [12]. » Mais tant qu'on n'a pas transcendé les limitations de son esprit, on ne peut pas méditer sur l'Absolu sans attributs *(nirguna Brahman)*. L'esprit peut seulement saisir les attributs, et Dieu est pour l'adorateur le lieu de toutes les perfections. Toutes les qualités qui existent à un degré relatif et limité dans la manifestation atteignent, en Dieu, leur principe, l'infinitude et la perfection. C'est sur elles que médite le *bhakta,* et plus

11. *Utpaladeva,* XX, 19.
12. *Bhâgavata-Pur.,* XI, 14, 27.

particulièrement sur les qualités divines qui l'émeuvent le plus, ou qu'il désire lui-même acquérir.

Etant donné qu'il est impossible de penser à quelque chose sans avoir recours à des mots ou à des images, le *bhakta* a recours à des symboles pour contempler Dieu, jusqu'au moment où il pourra éprouver directement la Présence Divine dans le cœur et dire :

« O Seigneur, dans ma méditation je t'ai attribué une forme, à Toi qui es vide de toute forme. O *Guru* de l'univers, par mes hymnes j'ai comme contredit le fait que Tu es indescriptible. En allant en pèlerinage j'ai comme dénié ton omniprésence. O Maître du monde, pardonne, je t'en prie, ces trois fautes commises par moi. »

Les différents supports de méditation utilisés pour l'adoration de la Réalité divine sont :

1. La Personne divine

La Personne divine sous l'aspect de Vish*n*u, ou de Çiva, ou de Devî, etc. Chaque conception de Dieu traduit un aspect essentiel de la Divinité, chaque culte une voie d'approche particulière de la même Réalité. « L'Etre est Un, mais Ses noms diffèrent. Si vous me demandez sur quelle forme du Seigneur vous devez méditer, je vous dirai de prendre celle que vous voudrez — mais sachez toujours que toutes ces formes ne font qu'Un. De même que des peuples divers nomment de noms différents la même eau : eau, *vâri, aqua, pâni,* de même l'unique *Saccidânanda* (Etre-Conscience-Béatitude) est invoqué par les uns sous le nom de Dieu, par d'autres sous le nom d'Allah, de Hari, ou de Brahman [13]. » Les disputes entre les sectateurs des différentes religions sont aussi absurdes que la querelle des aveugles qui s'étaient assemblés pour examiner un éléphant : « Le premier toucha la jambe et dit : " L'éléphant est comme un pilier. " Le second palpa la

13. *L'Enseignement de Râmakrishna,* publié par Jean Herbert, p. 252.

trompe et dit : " L'éléphant est comme une massue. " Le troisième aveugle tâta le ventre et déclara : " L'éléphant est comme une grosse jarre. " Le quatrième, enfin, fit bouger une oreille de l'animal et dit à son tour : " L'éléphant est comme un grand van. " Puis ils se mirent à se disputer à ce sujet [14]. » Le fait que l'on se représente et qu'on adore Dieu d'une façon plutôt qu'une autre est soit une question d'appartenance à une certaine tradition familiale ou locale, soit une question de choix personnel, chacun tournant sa dévotion vers l'aspect du Divin qui l'attire le plus.

« Comme les hommes choisissent de M'approcher, ainsi Je les accepte en Mon amour ; c'est Ma voie, ô fils de P*r*thâ, que les hommes suivent de diverses façons [15]. »

« Quelle que soit la forme de Moi qu'un dévot veuille adorer avec foi, je fais que sa foi soit ferme et ne vacille pas. Plein de cette foi, il s'engage dans le culte de cette forme ; et par là, il obtient ce qu'il désire ; c'est Moi-même qui dispense ces fruits [16]. »

Chaque conception de Dieu est une vue partielle correspondant au niveau spirituel du fidèle, à ses prédilections, ses aspirations et ses capacités. D'une manière générale, chaque homme doit concevoir Dieu comme le plus parfait idéal dont il puisse se former une idée, tout en sachant bien que :

« Si la déesse de la Connaissance elle-même devait écrire éternellement, ayant pour encre la Montagne Bleue, pour encrier l'océan, pour plume la branche maîtresse de l'arbre céleste, et pour papier la terre entière, même là, ô Seigneur, la limite de tes perfections ne pourrait être atteinte [17]. »

Le fait d'accepter qu'il y ait d'autres cultes que le sien n'empêche nullement un *bhakta* de rester fidèle à sa divinité d'élection *(ishta-devatâ)*. Le grand dévot de Râmâ,

14. Râmakrishna, *ibid.*, p. 259.
15. *Bh. G.*, IV, 11.
16. *Bh. G.*, VII, 21-22.
17. *Çivamahimna-stotra*, 32.

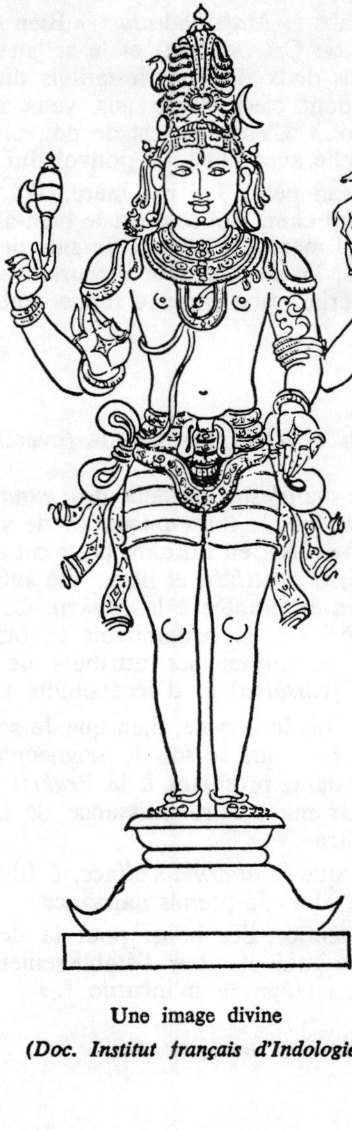

Une image divine

(Doc. Institut français d'Indologie.)

Hanumân, dit dans le *Mahâbhârata* : « Bien que je sache que le Seigneur de Çrî (Vishnu) et le seigneur de Janakî (Râma) sont tous deux des manifestations du même Etre Suprême, cependant c'est Râma aux yeux de lotus qui est tout pour moi. » L'essentiel est de pouvoir établir une relation personnelle avec Dieu, de pouvoir lui dire :

« C'est Toi mon père, Toi ma mère, Toi mon époux, mon fils, mon ami cher. Toi seul est le bien-aimé, le *guru*, le but vers lequel marche l'univers. Je suis tien, ton serviteur, ton suivant. Tu es mon seul recours. J'ai pris refuge en Toi, et, en vérité, mon fardeau repose entièrement sur Toi [18]. »

2. Une incarnation divine *(avatâra)*

L'Absolu non-manifesté, au-delà des *guna*, a selon la doctrine brahmanique, la toute-puissance de s'incarner, de « descendre » *(ava-TR)*, en utilisant pour cette incarnation entièrement voulue, contrôlée et libre, une substance mentale de pur *sattva* empruntée à la *Prakrti*. Ce faisant, son unique motivation est de promouvoir le bien des êtres incarnés, et de manifester ses attributs de compassion *(krpâ)*, d'amour *(vâtsalya)* et d'accessibilité *(saulabhya)* :

« Bien que Je sois le non-né, bien que Je sois immuable en mon essence, bien que Je sois le Seigneur de toutes les existences, cependant, présidant à la *Prakrti* qui est sous mon pouvoir, par ma propre puissance de manifestation *(mâyâ)* je m'incarne.

« Chaque fois que le *dharma* s'efface, ô Bhârata, et que monte l'injustice, alors Je prends naissance.

« Pour la protection des bons, pour la destruction de ceux qui font le mal et pour l'établissement de la loi spirituelle, d'âge en âge Je m'incarne [19]. »

18. *Stotraratna*, 60. — 19. *Bh.G.*, IV, 6-8.

La tradition compte dix interventions providentielles de la Divinité dans son aspect de préservation du monde manifesté (Vish*n*u). Les deux principales sont Râmâ, incarnant le *dharma* (justice, rectitude, conformité à la norme divine) dans sa plénitude, et K*r*sh*n*a, révélant l'attraction irrésistible de la Beauté divine et de la perfection de l'Amour. Ces incarnations sont regardées comme des expressions privilégiées de Dieu, et non comme des représentations arbitraires, puisque c'est le Divin lui-même qui a choisi d'assumer telle forme. Mais ces dix incarnations majeures n'épuisent pas les possibilités de manifestation de la Divinité. Il y a aussi des incarnations mineures ou partielles, et en réalité : « Tout être qui possède à un degré éminent gloire, splendeur ou énergie, sache qu'il est né d'une parcelle de mon rayonnement [20]. »

3. Un symbole *(pratîka),* ou une image *(pratimâ),* représentant la Divinité ou l'une de ses incarnations

Le symbole peut être visuel (l'espace infini, le soleil, la flamme, etc.) ou auditif (un nom divin, un *mantra*). Adorer à travers un symbole, c'est « joindre l'esprit avec dévotion à ce qui n'est pas Dieu, tout en le voyant comme étant Dieu », dit Râmânuja, c'est-à-dire se servir d'un substitut qui présente des analogies avec l'objet réel de l'adoration. De la même façon, l'image ou statue de la déité, d'une incarnation, d'un sage, ou d'un saint, sert de « support de vision » des attributs divins.

4. Son propre guide spirituel ou guru

Là encore ce sont les qualités divines qui importent, et non le support où elles s'incarnent. Celui qui révère son

20. *Bh. G.*, X, 41.

guru doit exclure de sa pensée toutes les limitations et imperfections humaines de celui-ci, et ne considérer que ses excellences spirituelles, sinon il y a un risque de régression. L'association avec les saints est considérée comme l'un des moyens principaux d'atteindre la *bhakti,* car c'est au contact d'une autre flamme qu'on allume sa lampe.

5. L'ordonnateur interne *(antaryâmin),* le guru intérieur

Le vrai *guru* de chacun est son propre Soi, le *guru* humain est seulement un canal véhiculant l'inspiration spirituelle.

6. L'humanité entière, ou l'univers entier considéré comme la manifestation de l'Etre Suprême

« Celui qui Me voit partout, et voit toutes choses en Moi, celui-là Je ne l'abandonne jamais, et jamais il ne M'abandonne. Celui qui, s'étant fixé dans l'unité, M'adore, Moi qui habite dans tous les êtres, ce *yogin*-là habite en Moi, quelle que soit sa manière de vivre [21]. »

II. L'adorateur

A la différence des autres voies, qui requièrent certaines qualifications préalables du disciple, le *Bhakti-yoga* est ouvert à tous sans aucune restriction. Même le fait d'être illettré ou d'avoir la conscience surchargée de fautes n'est pas un empêchement :

21. *Bh. G.,* VI, 30-31.

« Même un pécheur endurci, s'il vient à M'adorer avec un amour exclusif, doit être regardé comme un juste, car il a fait un juste choix. Il devient rapidement une âme pleine de droiture et obtient une paix permanente. Proclame-le hardiment, ô fils de Kuntî, mon fidèle ne périt jamais. Car ceux qui prennent refuge en Moi, femmes, *vaiçya, çûdras,* et même ceux à qui leurs fautes passées ont valu la pire des naissances, tous atteignent le But suprême [22]. »

Innombrables sont les illettrés et les intouchables qui ont atteint un haut degré de réalisation par la *bhakti.* « Parmi les *bhakta,* il n'y a pas de distinction fondée sur la naissance, le savoir, la beauté, la race, la richesse, la profession, etc., parce que tous sont Siens [23]. » « Même un paria est meilleur qu'un brahmane, s'il est adonné au culte de Hari [24]. » « Les *çûdra* (les gens du commun) sont ceux qui n'ont pas foi en Dieu, quel que soit leur rang social », dit Kr*s*h*n*a dans le *Mahâbhârata.*

En conséquence le *bhakta* qui s'approche de son dieu ne prend pas appui sur sa propre dignité, sociale ou morale, mais uniquement sur la merci divine :

« O Seigneur, Tu es véritablement le maître et le suprême ami de l'affligé, et moi je suis le premier d'entre eux. Que faut-il de plus pour établir une relation entre nous [25] ? »

« Je ne suis pas ferme dans la pratique des vertus, je ne possède pas la connaissance du Soi, ni même la dévotion pour tes pieds de lotus. Je n'ai aucun mérite d'aucune sorte, et n'ai nul autre recours que Toi [26]. »

« O Mère Divine, sur cette terre, parmi tes innombrables fils pleins de valeur, je me trouve être un bon à rien d'une espèce rare. Mais, ô Bienveillante, il n'est pas juste de ta part de m'abandonner, moi ton enfant. Car il arrive qu'un

22. *Bh.G.,* IX, 30-32. — 23. *N.B.S.,* 72. — 24. *Caitanya-Bhâgavata,* III. — 25. *Çivânandalaharî,* 14. — 26. *Stotraratna,* 22.

mauvais fils naisse de temps en temps, mais de mauvaise mère, il n'y en a jamais [27]. »

Tous les textes sont unanimes à reconnaître que la *bhakti* est la voie d'approche la plus facile. Il est plus aisé pour les êtres incarnés de méditer sur les attributs divins, que de se concentrer sur l'Absolu non manifesté.

Ce qui différencie le *bhakta* de l'homme religieux à tempérament tâmasique ou râjasique, c'est qu'aucune forme de désir égoïste ne vient entacher son amour de Dieu. Dans les cultes tâmasiques, on observe une dépendance sans compréhension de la lettre du rituel, une crainte des puissances obscures ou maléfiques, le recours aux méthodes occultes pour nuire à autrui. Dans les cultes râjasiques, la divinité n'est révérée que comme un moyen d'arriver à une fin. On cherche à la rendre propice pour échapper aux difficultés, aux maladies, ou obtenir un succès ou un pouvoir personnel. Cette forme « ambitieuse » de la religion se trouve aussi dans les communautés organisées qui cherchent à établir ou à conserver leur pouvoir, leur prestige et leur prospérité, plutôt qu'à réaliser Dieu. Au contraire, si une religion assume une forme sattvique, Dieu est aimé pour lui-même, avec désintéressement, et avec une claire compréhension du but et des justes méthodes pour l'atteindre. La *bhakti* a ceci de particulier qu'elle est exempte de sollicitations égoïstes et de crainte du Tout-Puissant, et implique un complet oubli de soi de la part de celui qui aime. Le *bhakta* n'attend aucun bénéfice, ni ici-bas ni après la mort, et se donne à Dieu inconditionnellement. Il ne veut rien pour lui-même, pas même la libération. Il n'a soif que de Dieu :

« Révèle-Toi à nous qui n'exigeons que Toi, et nous ne T'excéderons pas par d'autres requêtes [28]. »

Ciel ou enfer, libération ou servitude, tout lui est égal, du moment qu'il a l'opportunité de s'absorber dans l'amour de Dieu et de le servir constamment :

27. *Devyaparâdha-kshamâpana-stotra,* 3.
28. *Utpaladeva,* VI, 11.

« Que je naisse comme un homme ou un dieu, comme un animal ou un arbre, comme un moustique, un ver ou un oiseau, si mon cœur est immergé dans l'amour du lotus de Tes pieds bénis, que m'importe la sorte de corps que j'obtiens [29] ! »

« Ceux qui se sont abandonnés à Moi ne s'inquiètent de rien d'autre que de Moi, n'attachent aucun prix même au statut de Brahmâ, ou d'Indra, ou d'empereur, ni à la souveraineté des mondes, ni aux pouvoirs psychiques, ni même à la libération du cycle des naissances [30]. »

Ce dont le *bhakta* veut être sauvé, ce qui cause en lui les affres de l'angoisse, ce n'est pas l'asservissement au *samsâra,* c'est la séparation d'avec le Principe. La libération lui vient presque malgré lui, comme un effet de la grâce divine, sans qu'il cherche à s'élever au même rang que son Seigneur ; et il l'accepte, non pour son propre bien, mais parce qu'elle l'unit à Lui.

III. L'adoration

« Du temps qu'il arrive à gagner en se libérant du plaisir, du tourment, du désir, du gain et autres poursuites, l'homme ne doit pas gaspiller même une demi-seconde... Il doit se libérer de tout souci et adorer constamment et à travers toutes les modalités de son être le Seigneur seul [31]. »

Quelles sont les formes que prend cette adoration ? Elles sont innombrables, mais les plus souvent mentionnées sont :

1. *S'attacher à la glorification des qualités divines, par le* çravana *et le* kîrtana.

L'écoute *(çravana)* comprend aussi bien l'étude des

29. *Çivânandalaharî.*
30. Kulaçekhara, *Mukundamâlâ,* 3, 9.
31. *N.B.S.,* 77-79.

textes qui enseignent les vérités spirituelles que l'audition des récits concernant la Geste sacrée, les actes accomplis par les incarnations divines. Ecouter, c'est boire le nectar des activités ludiques du Seigneur. Le *kîrtana* consiste à chanter des hymnes, des poèmes, ou les noms divins, avec rythme, musique et souvent danse.

2. *Contempler la beauté divine, en s'attachant à l'une de ses formes.*

3. *Pratiquer les rituels d'adoration* (pûjâ), qui peuvent être très élaborés, requérant une attention extrême, ou très simples. L'essentiel est la disposition intérieure avec laquelle ils sont accomplis :
« Celui qui M'offre avec dévotion une feuille, une fleur, un fruit, une coupe d'eau, cette offrande d'amour, venue d'une âme qui s'efforce, M'est agréable [32]. »

4. *Consacrer tous les actes à Lui*

« Quoi que tu fasses, de quoi que tu jouisses, quoi que tu sacrifies, quoi que tu donnes, quelque effort ou ascèse que tu entreprennes, fais en une offrande à Moi.

« Ainsi, tu seras libéré des résultats bons ou mauvais qui constituent les chaînes de l'action. Ton âme en union avec le Divin par la renonciation, tu deviendras libre et parviendras à Moi [33]. »

Tout doit Lui être dédié, et « même les sentiments comme le désir et l'orgueil ne doivent être éprouvés qu'en référence à Lui [34] ». Toutes les passions doivent être tournées vers Dieu. La colère et l'impatience sont dirigées contre les obstacles qui empêchent de L'atteindre, ou même contre Lui, parce qu'il ne se manifeste pas assez vite. L'orgueil prend la forme d'une fierté de Lui appartenir. La possessivité fait dire « Dieu est mien », etc.

32. *Bh.G.*, IX, 26. — 33. *Bh.G.*, IX, 27-28. — 34. *N.B.S.*, 65.

« Hommage à cette convoitise même qui, adhérant à Toi, me permet de T'atteindre [35]. »

5. *Se souvenir constamment de Sa présence*

Et Il est présent avant tout dans le cœur, si bien qu'à l'oubli de Soi du Divin se projetant dans la création multiple « répond, sur le plan mystique, et pour y porter remède, la prise de conscience ou souvenance ininterrompue de Soi [36] ».

Pour le rappel incessant de Dieu, une méthode privilégiée est la répétition méditative des noms divins *(japa)*, qui est considérée comme « un bain mental ». Le sacrifice en forme de *japa* est le meilleur des sacrifices. Sa supériorité repose sur le fait qu'il peut être accompli par tous, en tous temps, en tous lieux, sans l'assistance de personne, sans ingrédients ni matériel. Mais « cela seul qui est accompli avec connaissance, foi et méditation, devient spirituellement effectif [37] ». La répétition du mot soutient la répétition continue de l'idée. « Celui qui répète un *mantra* sans en connaître le sens est comme un âne qui transporte une charge de bois de santal. Il en connaît le poids, mais ne jouit pas du parfum [38]. » L'invocation des mille noms de Dieu *(sahasranâma)*, en faisant précéder chaque nom du *mantra* AUM [39] et du mot *nama*h (signifiant hommage, salutation, interprété aussi comme : *na*

35. *Utpaladeva*, XVII, 28.
36. Silburn, *La Bhakti*, p. 14.
37. *Chând. Up.* I, 1, 10.
38. Yâska, *Nirukta*.
39. Le *mantra* AUM est lui-même le plus excellent symbole de Dieu, à la fois analytiquement et synthétiquement. Cf. *Çivamahimna-stotra*, 27 : « O Toi qui accorde refuge (à ceux qui Te cherchent) ; avec les trois lettres A, U, M, dénotant les trois *Veda*, les trois états (veille, rêve, sommeil profond), les trois mondes, les trois Dieux (Brahmâ, Vish*n*u, Çiva), le mot AUM Te décrit en mode différencié. Unifié par la sonorité subtile, le mot AUM pris globalement Te désigne en Ton état absolument transcendant. »

mama, « non pas moi ni mien »), constitue un millier d'oblations de soi-même *(yajña),* à la portée de tous. Il y a trois sortes de répétition : à voix haute, murmurée inaudiblement, et mentale. La dernière forme est supérieure à la seconde, et la seconde à la première. Sous la dernière forme, la répétition du Nom ou du *mantra* peut être continuée sans interruption en toutes circonstances, même lorsqu'on marche ou qu'on est engagé dans des activités.

6. *Eprouver une extrême angoisse si on L'a oublié un instant.*

« Si même un seul instant je suis séparé de Toi, ô Souverain, aussitôt je me consume de tourments. Reste donc toujours visible [40]. »

La culmination de la *bhakti* est atteinte quand le moindre oubli de Dieu provoque une souffrance intolérable, parce que cet oubli, pour insignifiant qu'il paraisse, rappelle les éternités où l'on a vécu loin de Lui :

« Quand donc Ton essence, Seigneur, qui se révèle à l'instant précis où l'on médite sur elle, remplira-t-elle à jamais du flot de sa suprême ambroisie les très anciennes blessures creusées par mon ignorance de la vraie libération [41] ? »

Tantôt ces périodes d'éloignement sont dues aux obstacles intérieurs et extérieurs, aux imperfections, à la faiblesse du *bhakta,* qui se plaint amèrement de lui-même :

« Pourquoi la pensée de Ton esclave s'égare-t-elle sur le mauvais chemin, évitant l'intuition de son identité avec Toi, tout en sachant qu'il n'existe ici-bas nulle autre gloire, nulle autre joie [42] ? »

Tantôt la radieuse Beauté divine semble se dérober au moment même où l'on croyait la saisir, et demeurer incompréhensiblement cachée :

40. *Ulpaladeva,* VI, 1.
41. *Ulpaladeva,* VIII, 8.
42. *Ulpaladeva,* IV, 17.

« Puisque Tu t'es approché du champ de ma vision, Seigneur, pourquoi T'éloignes-Tu de moi, Ton esclave ? » « Si Tu es la Vérité même, n'adopte qu'une seule manière d'agir : grâce ou disgrâce [43] ! »

Mais même l'agonie de la séparation, les affres du désir, qui rendent Dieu présent par le sentiment aigu de son absence, sont chères au cœur du *bhakta,* qui ne les échangerait pour aucune satisfaction terrestre :

« Gloire à cette grande fête d'amour indicible où les pleurs eux-mêmes ont au plus haut degré la saveur d'ambroisie [44]. »

IV. Les étapes de la bhakti

Mais quelle que soit la ou les pratiques adoptées, l'essentiel est que la *bhakti* mûrisse en un amour intense et constant de la Réalité suprême. C'est ainsi qu'on distingue deux degrés de maturation :

1. La *bhakti* traditionnelle *(vaidhî-bhakti)* est celle qui est pratiquée suivant les prescriptions des Ecritures, par ceux qui n'ont pas encore une relation personnelle directe avec Dieu. On ne compte pas moins de soixante-quatre moyens traditionnels, comme la fréquentation des saints, le chant et la récitation du nom sacré, les pèlerinages, le service révérencieux de l'image divine, etc.

2. La *bhakti* passionnée *(râgânuga-bhakti),* résultat d'une pratique sincère de la première, est caractérisée par une aspiration intense et permanente vers l'objet de l'adoration. Elle n'est plus liée par aucune règle ni prescription, et jaillit directement du tréfonds de l'être. Caitanya la compare à une inondation :

« Le cours d'une rivière (symbolisant la *bhakti* traditionnelle) est sinueux, et un navire qui le suit ne peut

43. *Ulpaladeva,* XII, 16 et XI, 7. — 44. *Ulpaladeva,* XVII, 1.

arriver rapidement à son but. Mais quand les eaux montent, le navire (à la faveur de l'inondation) suit une route irrégulière toute droite et arrive plus rapidement à destination. De même la voie irrégulière (parce qu'elle est indépendante des prescriptions scripturaires) de la *bhakti* passionnée conduit le fidèle plus rapidement à K*r*sh*n*a. »

On distingue aussi la *bhakti* qui est encore mêlée à la connaissance de la majesté divine, de la *bhakti* vide de cette connaissance. Cette dernière est « en quelque sorte aveugle, comme tout amour... Elle ne critique ni ne scrute l'objet divin d'adoration [45] ». Tout intellectualisme est balayé par une dévotion extatique. Râmakrishna disait : « Les discussions philosophiques vous donneront-elles plus de sagesse que vous n'en avez ? Ne voyez-vous pas qu'un demi-setier de vin suffit à vous enivrer ? Alors, à quoi bon calculer combien de tonneaux il y a dans la cave, puisque vous ne cherchez que l'ivresse [46] ? » Le propre de cette *bhakti* est de ne pas vouloir considérer les attributs de grandeur, de puissance et de gloire de Dieu, même lorsqu'ils se manifestent, et de ne tenir compte que de l'intimité de la relation avec Lui.

« Pourquoi insistez-vous toujours sur la gloire et la puissance du Seigneur ? Un fils, assis près de son père, se dit-il continuellement : " Mon père a tant de vergers, tant de maisons, tant de chevaux, tant de vaches et tant de jardins ? " Ne songera-t-il pas plutôt avec émotion à l'amour mutuel qui existe entre son père et lui [47] ? »

L'affection du *bhakta* pour Dieu comporte cinq nuances, cinq modes *(bhâva)* ou saveurs *(rasa),* qui sont symbolisés par des relations humaines. Chacune de ces attitudes peut être choisie à l'exclusion des autres, mais on peut aussi s'élever de l'une à l'autre dans un crescendo d'amour.

45. Sukumar Chakravarti, *Caitanya et sa théorie de l'amour divin,* p. 105.
46. *L'Enseignement de Ramakrishna,* p. 412.
47. *Ibid.,* p. 414.

1. *çânta* : la quiétude, la paix.

2. *dâsya* : le service, le sentiment d'être le serviteur de Dieu, son esclave, de prendre joie à le servir par toutes les voies possibles, sans attendre la moindre récompense, mais pour l'amour de lui, sans la moindre nuance de peur ou de contrainte. C'est la relation qui attache Hanumân à Râma.

3. *sakhya* : l'amitié. Dieu est senti, non plus comme un maître, mais comme l'ami proche du cœur, envers qui l'on a une confiance absolue et une camaraderie sans réserve, l'associant toujours à tout ce qui nous concerne. C'est la relation qui attache Arjuna à K*r*sh*n*a.

4. *vâtsalya* : la tendresse maternelle (ou paternelle) pour Dieu, comparable à l'affection dévouée des parents pour leurs enfants. Le *bhakta,* en ce cas, se considère comme le protecteur, et la Divinité naissante en lui-même, tel un enfant divin, doit être constamment protégée, nourrie, l'objet de tous ses soins. Cette attitude a pour but de nous dépouiller de toute crainte et raideur envers Dieu, et elle inclut les sentiments précédents, car la mère est aussi la servante et l'amie de son enfant. C'est la relation avec Dieu qu'ont eue les mères des incarnations divines, comme Devakî, la mère de K*r*sh*n*a, et Yaçoda, sa mère adoptive.

5. *madhura* : l'amour, symbolisé par celui d'une jeune femme pour son bien-aimé. Cette relation se justifie par le fait que par rapport à Dieu, toutes les âmes sont féminines ; Dieu est le seul Mâle (Purusha) ; ou, pour l'exprimer autrement, « l'individualité extérieure et agissante d'un homme ou d'une femme donnés est féminine par nature, et soumise à son propre Soi intérieur et contemplatif [48] », qui est masculin. Cette relation d'amour, la plus intime de toutes, inclut tous les sentiments précédents, car « la femme veille au confort et aux besoins de l'homme,.

48. A. Coomaraswamy, *Hindouisme et Bouddhisme,* p. 31.

comme une servante à ceux de son maître ; elle l'aide à accomplir ses devoirs et partage, en amie, ses joies et ses peines [49] » ; elle le protège comme une mère, et lui fait don d'elle-même et de tout ce qui est sien.

Cette modalité d'amour se subdivise elle-même, selon certaines écoles de *bhakti,* en deux nuances. La première *(svakîya)* est symbolisée par l'amour exclusif et fidèle de l'épouse pour son mari, amour qui la fait se consacrer à lui inlassablement. La deuxième *(parakîya)* est symbolisée par l'amour passionné de l'amante pour son amant. Ce symbolisme correspond à une situation de fait : chaque âme en ce monde se trouve, telle une femme mariée, engagée dans un réseau de relations, d'attachements et de devoirs ; l'irruption du Divin dans sa vie la décolle brusquement de son univers, et lui révèle une dimension d'amour insoupçonnée, sans pour autant qu'elle soit libre, à la fois intérieurement et extérieurement, de rejoindre et d'atteindre cette perfection insaisissable, qui comme un amant difficilement entrevu, n'apparaît que par intermittences. C'est un amour où la possession est rare et brève, et la séparation quotidienne.

Trois caractéristiques font du sentiment de l'amante un symbole adéquat de ce type de *bhakti.* Ce sont : 1) la pensée constante du bien-aimé ; 2) un désir insatiable de le retrouver ; 3) un complet aveuglement aux défauts de l'homme aimé, qui permet à l'amante d'avoir toujours de celui-ci une vision transfigurée par l'amour.

Ces trois éléments ne sont pas présents chez la femme légitime qui vit sous le même toit que son époux. D'autre part, « l'épouse peut recourir à la protection de la loi et de la société ; elle a le droit d'exiger l'amour et l'affection de son mari ; elle est jusqu'à un certain point assurée contre les torts ou les infidélités que son mari peut lui faire. Mais l'amante ne peut compter sur aucune protection... elle n'a ni espoir ni recours en dehors de l'amour

49. S. Chakravarti, *Caitanya,* p. 110.

et de la tendresse de son amant[50] ». Inversement, « le mari a un sentiment de possession — de " mien ", *mama* — vis-à-vis de sa femme, qui favorise le développement de l'*ahamkâra* plutôt que son dépassement[51] ». La passion de l'amante est prise pour symbole dans la mesure où elle est au contraire dépourvue de tout égocentrisme et n'a en vue que le bonheur de l'autre ; et aussi, parce qu'elle ne connaît ni assurance, ni tranquillité, ni tiédeur ; qu'elle est dévorante, impétueuse, vécue avec intensité d'instant en instant. Même lorsqu'elle est engagée dans ses tâches domestiques, la jeune femme est habitée par la pensée de son amant. Son propre monde lui est devenu étranger. Elle n'aspire qu'à rejoindre l'aimé, et échafaude sans cesse des plans pour y parvenir. La séparation lui semble intolérable, elle se consume, et croit mourir à chaque instant de ne pas le voir. Les retrouvailles sont une fête indescriptible, qu'assombrit seulement la perspective du départ. Tout son être aspire à une union avec son bien-aimé qui soit si absolue qu'elle ne dépende plus de l'espace ni du temps, et ne puisse plus être défaite. Telle doit être, selon la *bhakti,* notre attitude envers Dieu. Dieu se laisse conquérir par cet amour. La folie de l'amante, parce qu'elle suppose un don de soi par pur amour, où n'entre aucune idée de devoir ni d'intérêt, et parce qu'elle implique un risque volontairement consenti de tout perdre, un sacrifice de son devoir, sa sécurité, sa réputation, son salut et même éventuellement sa vie, représente de façon adéquate la fureur sacrée de l'amour de Dieu. C'est la relation de Râdhâ et des *Gopî,* bergères du V*r*ndâvan, avec K*r*sh*n*a.

Cet amour comporte deux temps, deux phases, qui vont en alternant : enivrement dans la communion avec l'aimé *(madana),* et égarement dans la séparation *(mohana).* On distingue aussi six nuances : tendresse *(sneha),* dépit amou-

50. *Ibid.,* p. 111.
51. Madeleine Biardeau, *Clefs pour la pensée hindoue,* Seghers, p. 195.

reux *(mâna),* intimité *(pranaya),* passion *(râga),* passion extrême *(anurâga),* sentiment suprême *(mahâbhâva).*

V. Preman

Tout cela aboutit à l'expérience incommunicable de l'amour parfait *(preman),* qui n'est autre que la *bhakti* parvenue à maturité *(mukhya-bhakti),* devenue un flot ininterrompu d'amour pour Dieu dominant tout le psychisme, « croissant en intensité d'instant en instant, sans intermittences, extrêmement subtil, pénétrable par l'intuition seulement [52] », « aussi inexplicable qu'un plat délicieux goûté par un muet [53] ». Il se manifeste parfois par des états émotionnels violents, extatiques : « Celui dont le cœur fond au chant de Son nom qui fait naître le *preman,* celui-là rit, pleure, crie et danse comme un fou, d'une manière qui n'est pas dans la règle du commun [54]. » Cet amour « agite cœur et esprit, il rend avide d'atteindre les pieds de Krshna. Il fait le fidèle rire, pleurer et chanter, danser et gesticuler comme pris de folie ; transpiration, frisson, poils hérissés, larmes, voix entrecoupée, pâleur, égarement, défaillance et fermeté, orgueil, joie et humilité, il fait passer le fidèle par tous ces états et le plonge dans un océan ambrosiaque, la béatitude de Dieu [55]. » Selon Caitanya, un des grands porte-parole de la *bhakti,* le *preman* est « l'essence de l'énergie exhilarante de Dieu », inhérente à toute âme humaine, mais qui, étant obnubilée par le voile de l'illusion *(mâyâ),* ne se révèle qu'à force de pratiquer la *bhakti.*

Mais lorsqu'elle se révèle, « pour les *bhakta,* ce banquet d'amour se poursuit nuit et jour, jusque dans le rêve, jusque dans l'inconscience, ... non seulement quand ils récitent

52. *N.B.S.,* 2.
53. *N.B.S.,* 51.
54. *Bhâgavata-Pur.,* XI, 11, 39.
55. *Caitanya-caritâmrta,* I, VII.

des *mantra,* se baignent ou méditent, mais à chaque instant et en tout ce qu'ils font [56] ».

Tout semble se fondre et se dissoudre dans l'amour : « Le déluge ambrosiaque de Ta contemplation a recouvert d'un flot uniforme joies et chagrins, comme une inondation égalise sur le sol ornières et talus [57]. » Le *bhakta* reconnaît son Bien-Aimé sous quelque déguisement qu'il apparaisse. Il le voit partout et en tout, présent dans tous les êtres, « supportant cet univers entier avec une parcelle infinitésimale de Lui-même » : « Je vois Tes formes infinies de tous côtés, mais je ne vois ni Ta fin, ni Ton milieu, ni Ton commencement, ô Seigneur de l'univers, ô Forme Universelle [58]. » Le monde lui apparaît « tout jaillissant de félicité et de lumière [59] ». Les étapes de cette prise de conscience sont appelées : vivre dans le même monde que Dieu *(sâlokya),* vivre dans la proximité de Dieu *(samîpya),* se transformer à sa ressemblance *(sârûpya)* et enfin, transcendant toute dualité, devenir identifié à Lui *(sâyûjya).*

VI. Unification ou Bhakti Suprême (parabhakti)

Lorsque l'âme individuelle est pénétrée d'amour divin, elle devient inconsciente de son existence distincte et s'absorbe en Dieu. Car l'union de l'amante et de l'aimé ne peut être complète tant qu'il n'y a totale immersion de l'un dans l'autre. C'est la description de l'union à Dieu dans les termes d'un symbolisme érotique : « De même qu'un homme embrassé par sa bien-aimée ne sait plus rien du " Je " et du " Tu ", ainsi le Soi embrassé par le Soi omniscient ne sait plus rien d'un " moi-même " au-dedans

56. *Utpaladeva,* XVII, 7-8.
7 *Utpaladeva,* III, 9.
58. *Bh. G.,* XI, 16.
59. L. Silburn, *La Bhakti,* p. 75.

ou d'un " toi-même " au-dehors [60]. » Le moi séparé, manifestation transitoire et contingente du Soi unique, retourne à son Principe, meurt pour renaître de Sa vie à Lui. « Ceux qui aiment Hari, en vérité, se perdent en Hari », est un leitmotiv du *Bhâgavata.* Une *Gopî* dont l'esprit est absorbé en Kṛsh*n*a place son bras sur l'épaule d'une autre *Gopî* et lui dit : « Regarde, je suis Kṛsh*n*a. » L'amour opère l'absorption totale du soi individuel dans le Soi suprême. « Par intense aspiration pour Moi, les pensées des *Gopî* étaient fermement fixées en moi, et en conséquence elles n'étaient pas conscientes de leur corps, de ce qui était près ou loin, de même que les sages absorbés en *samâdhi,* ou comme les rivières qui, une fois entrées dans la mer, ne se distinguent plus par le nom et la forme [61]. »

Après cette expérience transcendante, l'apparente individualité humaine du *yogin* n'est plus qu'un masque, c'est le divin seul qui s'exprime à travers tous ses gestes et toutes ses pensées. La conscience d'un tel *bhakta* est fondée et se meut dans l'Un, il vit en *yoga,* en union, et peut dire à juste titre :

« O Seigneur, c'est Toi qui es moi-même, mon esprit est Ton épouse, mes souffles vitaux Ta suite de serviteurs, mon corps est Ton temple. Ma jouissance des objets sensoriels est une offrande à Toi, mon sommeil est une absorption en Toi ; mes allées et venues sont une circumambulation autour de Toi, toutes mes paroles sont comme des prières à Toi. Quelque action que je fasse, ô Shambhu, cela est une adoration [62]. »

60. *Bṛhad-Aranyaka Up.*, IV, 3, 21, traduction d'A. Coomaraswamy dans *Hindouisme et Bouddhisme*, p. 31.
61. *Bhâgavata-Pur.*, X, 30, 19.
2. *Çivamânasapûjâ* de Çankarâcârya.

6. LE YOGA DE LA CONNAISSANCE
(JÑÂNA-YOGA)

De même que tout le *Bhakti-yoga* est contenu en germe dans la pratique d'*Içvara-pranidhâna,* mentionnée par les *Yoga-Sûtra,* tout le *Jñâna-yoga* se fonde sur le discernement, l'intuition de discrimination *(viveka-khyâti)* indiquée par les *Yoga-Sûtra* comme la cause directe et immédiate de l'affranchissement [1]. Toutes les disciplines yogiques ont une valeur instrumentale pour rétablir l'esprit dans sa pureté innée et permettre ainsi à la Connaissance de resplendir, abolissant à jamais l'ignorance congénitale qui consiste à « prendre ce qui est impermanent pour permanent, ce qui est impur pour pur, ce qui est tissé de souffrance pour heureux, et ce qui n'est pas le Soi pour le Soi [2] ».

Cette Connaissance jaillie de la discrimination, prônée déjà par le Sâ*m*khya, considérée par le *Pâtañjala-yoga* comme le résultat de l'ascèse yogique, est préconisée par le Vedânta, et plus spécialement l'Advaita-Vedânta, son plus ardent défenseur, comme une méthode autonome et complète pour atteindre la Libération. Cependant, comme ce yoga requiert de hautes qualifications de la part du disciple, il ne s'adresse, en fait, qu'à ceux dont l'esprit est déjà, dans une certaine mesure, préparé, maîtrisé et

1. *Y.S.*, II, 26. — 2. *Y.S.*, II, 5.

purifié par la pratique des autres disciplines du Yoga, ou par la dévotion à Dieu et au *guru.*

I. Les qualifications requises

Pour aborder ce yoga, les qualifications requises — outre l'acuité intellectuelle, la capacité de raisonner, et une connaissance approfondie des Ecritures — sont les suivantes :

1. *La discrimination entre ce qui est permanent et ce qui est impermanent.*

Le *Jñâna-yoga,* qui mobilise toutes les puissances de l'intellect, se caractérise comme la recherche de la Réalité absolue *(Brahman).* Trois degrés de réalité sont distingués : 1) réalité d'apparence ; 2) réalité empirique ; 3) réalité absolue. La réalité d'apparence, comme celle du rêve, de l'hallucination, des tours exécutés par un magicien, s'évanouit dès que l'illusion se dissipe. La réalité empirique, celle de l'expérience quotidienne, est soumise à un changement perpétuel. Or ce qui est absolument réel doit être invariable et indestructible, en tout temps et en toute circonstance. Ce qui est à un moment, et n'est plus l'instant d'après, ne saurait être vraiment réel. Donc ces deux sortes de réalité, illusoire et empirique, ne peuvent être « réellement » réelles. Elles sont apparemment réelles, ou réelles pour le moment présent seulement. Seul ce qui est identique dans toutes les conditions et à travers tous les états de conscience, est absolument réel. Ce que le *jñânin* (l'adepte du yoga de la Connaissance) recherche, c'est cette Réalité absolue *(Brahman),* et non une réalité relative, limitée, conditionnée :

« Sache avec certitude que *Brahman,* c'est l'acquisition qui ne laisse rien en dehors d'elle à acquérir, le bonheur qui ne laisse nul autre bonheur à désirer, la connaissance qui ne laisse rien d'autre à connaître. Sache avec certitude que *Brahman,* c'est cela qu'ayant vu, il ne reste rien à voir, cela qu'étant devenu, on ne renaît pas dans le monde du devenir, cela qu'ayant connu, il ne reste rien à connaître [3]. »

Seule la Réalité absolue est éternelle et réelle ; tout le reste, les phénomènes aussi bien subjectifs qu'objectifs, sont mouvants, impermanents et transitoires. Etre conscient de cette distinction, c'est la discrimination.

2. *Le détachement*

C'est le désintérêt pour tous les objets de jouissance qui peuvent être obtenus ici-bas ou après la mort, dans quelque état, monde ou condition que ce soit, étant donné leur nature impermanente.

3. *Les six trésors :*

— calme de l'esprit ;

— maîtrise de soi : parfait contrôle sur les organes de perception et d'action ;

— cessation de toute activité en vue d'un but intéressé ;

— endurance : courage et patience pour poursuivre son effort en dépit des difficultés et des obstacles ;

— complète concentration et stabilité de l'esprit ;

— foi, venant d'une adhésion délibérée de l'entendement à la vérité telle qu'elle est exposée dans les textes sacrés et par l'enseignement du *guru,* et d'une ferme conviction dans la possibilité d'atteindre soi-même la Délivrance.

3. Çankarâcârya, *Atmabodha,* 54-55.

« Sans foi, il n'y a pas d'effort, et sans effort, il n'y a pas d'accomplissement [4]. »

4. *Intense aspiration à la Délivrance*

C'est le désir ardent de s'affranchir de toutes les formes de servitude.

Lorsqu'un homme possède toutes ces nobles qualités, il doit s'approcher, dans les formes requises et en toute humilité, d'un véritable *guru,* fixer son attention sur ses enseignements, et se vouer corps et âme à son effort de libération. On dit généralement que quand le disciple est mûr, le *guru* apparaît de lui-même. Le vrai *guru,* connaisseur de l'Absolu, qui impartit la vérité et transporte le disciple sur l'Autre Rive, est la merci divine incarnée. La transmission de maître à disciple se fait autant par le silence que par la parole : « Un simple coup d'œil propice d'un connaisseur de *Brahman* est suffisant pour inonder les yeux de larmes, illuminer le visage de sérénité, et remplir le cœur de félicité. »

II. Le rôle de la Connaissance

La Connaissance est libératrice, car elle révèle la vraie nature des choses. « Rien ne peut trancher les liens de l'assujettissement, si ce n'est la merveilleuse épée de la Connaissance, forgée par la discrimination, lorsque le fil en a été aiguisé par la grâce divine [5]. » La Connaissance s'oppose directement à l'ignorance spirituelle *(avidyâ),* qui est la cause de la confusion du Soi et du non-Soi ; et c'est cette confusion qui est la base, le terrain de culture de tous les maux. La Connaissance consiste : 1) à éliminer toutes les fausses conceptions du Soi, et 2) à révéler la vraie nature du Soi.

4. Id., *Sarva-vedânta-siddhânta-sârasamgraha,* 212.
5. Çankarâcârya, *Vivekacûdâmani,* 147.

1. Fausses conceptions du Soi

Le Soi *(âtman)* est, par nature, ce qu'à son insu toute créature chérit le plus. Cependant, il est toujours faussement appréhendé. Le sens de l'ego *(ahamkâra)* est le résultat d'une identification erronée du Soi avec ce qui n'est pas le Soi. Les ignorants identifient le Soi avec des choses extérieures telles que foyer, famille, possessions, pays, etc. Quand ceux-ci sont endommagés, blessés ou perdus, ils rapportent la lésion et le dommage à eux-mêmes. La croyance matérialiste la plus commune, c'est que le corps est le Soi, doué de caractères comme la jeunesse ou la vieillesse, la beauté ou la laideur, la santé ou la maladie. Ou encore, on considère les organes d'information et d'action comme soi-même, et on entretient la notion erronée que le Soi peut être aveugle ou sourd, valide ou infirme. D'autres considèrent que les énergies vitales sont soi-même, et pensent que le Soi a faim et soif. D'autres croient que l'esprit est le Soi, et que le Soi est intelligent ou stupide, plein de doutes ou de désirs. Certains identifient le Soi à leurs émotions, à la haine, aux mouvements passionnels. D'autres enfin identifient le Soi à des contenus de pensée, à des croyances, des articles de foi, des idéologies. Le nihiliste décrit le Soi comme non-être. Mais toutes ces notions appartiennent en réalité à la catégorie du non-Soi. Toutes ces choses sont extérieures au Soi, sont autre que le Soi, parce qu'elles sont vues par lui, perçues par lui, connues par lui. Elles ont le caractère d'objets de perception, éclairés par la lumière du Soi ou pure conscience. Même celui qui décrit le Soi comme vide ou non-être a besoin de la conscience pour affirmer le vide.

Le Soi n'est rien de tout cela, le Soi est la Conscience, par nature pure, intemporelle, et bienheureuse, qui connaît tout ce qui se déroule dans les conditions de veille, de rêve, et de sommeil profond ; qui ne cesse jamais d'être consciente, soit de la présence, soit de l'absence des fonctions mentales. C'est le Témoin, le support constant du sens du moi, qui est éprouvé comme « Je » par tous les êtres animés, depuis les plus infimes jusqu'aux plus évolués.

Cette confusion entre celui qui voit et ce qui est vu est observable dans chaque action et pensée de notre vie journalière. C'est elle qui nous fait dire des phrases communes comme : « c'est moi », « je suis un tel », « ceci est à moi », par lesquelles nous identifions le Je, dont la nature est pure conscience, avec des objets matériels ou psychiques tels que le corps, l'esprit, les sens, la demeure, le territoire. Cette confusion, qui nous fait imputer au Soi en premier lieu les caractéristiques du corps telles que naissance, croissance, maladie et mort, s'exprime par la croyance : « je suis né », « j'ai grandi », « je suis malade », « je meurs ».

2. Discrimination entre le Spectateur et le Spectacle

La discrimination entre la Conscience qui voit et ce qui a la nature d'un objet de vision, donc n'est pas soi-même, est la voie qui mène à la connaissance de Soi. Par exemple, les objets variés du monde extérieur, différant les uns des autres par la taille, la forme, la couleur, et soumis au changement, sont perçus par l'œil, qui par rapport à eux, représente une unité non changeante. Pourtant l'œil, avec ses diverses conditions telles que cécité, myopie, presbytie, fatigue oculaire ou acuité de la vision, dues soit aux imperfections, soit à l'intégrité de cet organe, est lui-même un objet de perception pour l'esprit, qui par rapport à ces modifications est relativement un. Enfin l'esprit, avec ses états changeants de doute, détermination, crainte, audace, désir, calme, agitation, etc., est un objet de perception pour la Conscience, qui est l'unité percevant cette multiplicité. Cette Conscience invariable et identique est l'ultime sujet percevant. On ne peut remonter au-delà, car elle ne devient jamais elle-même objet de perception. On ne peut la connaître que dans l'unité, parce qu'on *est* cette Conscience, et non dans la dualité, en la percevant. Son existence ne peut être mise en doute, parce que celui qui doute est lui-même le Soi, la Conscience. Celui qui la nie ne fait qu'involontairement l'affirmer. Tout l'univers, depuis les objets sensibles jusqu'aux phénomènes subjectifs, a la nature d'objet de perception, de spectacle. Or, ce qui est vu est toujours perçu en dehors de soi, même dans le cas des modifications mentales, des fonctions psychiques. Le Spectacle, multiple et changeant, est le non-Soi. Mais le Spectateur, qui est pure Conscience, est le Soi de l'homme.

Par l'effet de l'ignorance de la nature réelle du Soi, les attributs du non-Soi sont imposés au Soi, qui est ainsi recouvert, obscurci, comme l'est le soleil par un écran de nuages. C'est ainsi que le Soi, qui est éternel, immortel, vide de toute forme, non conditionné par l'espace, le temps et la causalité, apparaît comme un soi particularisé *(jîva),* un être limité, assujetti aux lois physiques et éthiques, soumis aux déterminations matérielles.

III. Désidentification

Le remède à cette ignorance est *apavâda,* la discipline de négation, qui consiste à éliminer, par la discrimination, les attributs faussement imputés au Soi, jusqu'à la mise à nu de sa véritable nature ; démarche comparée à l'acte de creuser la terre, en enlevant les couches accumulées de limon, de pierres et de sable, jusqu'à ce qu'on mette au jour un trésor profondément enfoui [6].

« On doit, par la discrimination, séparer le pur Soi le plus intérieur des enveloppes qui le recouvrent, comme on décortique un grain de riz, le séparant de la balle qui le recouvre en le frappant dans un mortier.

« Réaliser le Soi comme distinct du corps, des organes des sens, de la faculté mentale, de l'intellect, et de *Prakrti*

6. Çankarâcârya, *Vivekacûdâmani,* 65.

indifférenciée, comme le Témoin de toutes leurs fonctions, comparable à un roi.

« Comme la lune semble se mouvoir quand les nuages courent dans le ciel, de même pour celui qui ne discrimine pas, le Soi paraît actif quand en réalité ce sont les sens qui sont actifs.

« Les fous, par non-discrimination, attribuent au Soi inaltérable, qui est Etre et Conscience absolus, les caractéristiques et fonctions du corps et des sens, de même que les gens attribuent des traits de bleuté et concavité au ciel.

« Comme le mouvement qui appartient à l'eau est attribué, par ignorance, à la lune qui s'y reflète, de même l'action, la jouissance, et autres limitations qui appartiennent aux fonctions mentales, sont faussement attribuées au Soi.

« Le Soi, se considérant comme une individualité séparée *(jîva),* est submergé par la peur, comme un homme qui prend une corde pour un serpent. Le Soi regagne son absence de toute peur quand il réalise qu'il n'est pas un individu séparé mais le Soi suprême.

« En niant toutes les limitations grâce à la parole scripturaire : " Pas cela, pas cela " *(neti neti),* comprends l'unité du soi individuel et du Soi suprême grâce aux grandes affirmations védiques *(mahâvâkya)* [7]. »

Cette discipline de négation s'exerce tour à tour vis-à-vis de chacune des « enveloppes » qui recouvrent le Soi, voilent son rayonnement et paralysent sa liberté :

1. D'abord, vis-à-vis du corps grossier, qui est la forme d'identification la plus évidente. Le disciple doit réaliser qu'il est autre que le corps, exempt de changements tels que croissance et vieillissement, naissance et mort, et non déterminé par les conditionnements du corps. Le corps est pour lui simplement ce qu'est la maison pour son locataire :

7. Çankarâcârya, *Atmabodha,* 15 à 29.

« O toi que l'ignorance égare, cesse de t'identifier avec cet amalgame de choses immondes : cette peau, cette graisse, cette chair et ces os !

« Identifie-toi plutôt avec le Soi universel ! Tu connaîtras la paix que rien ne peut troubler.

« Pas plus que tu ne t'identifies avec l'ombre de ton corps, ni avec l'image de ton corps qui se réfléchit dans un miroir ou dans l'eau d'un étang, ni avec le corps imaginaire que tu empruntes dans tes songes ou que tu te prêtes en de chimériques rêveries, tu ne dois t'identifier avec ce corps vivant [8]. »

2. Vis-à-vis des organes des sens.

Etant non attaché aux objets des sens, le *jñânin* doit réaliser que les diverses conditions des organes, telles que surdité ou audition nette, cécité ou vision claire, etc., ne concernent pas le Soi, le Connaisseur.

3. Vis-à-vis des énergies vitales *(prâna)*.

L'inspiration et l'expiration, la digestion et l'excrétion, la faim et la soif, etc., sont des fonctions de l'énergie vitale *(prâna)*, qui n'est qu'une modification de l'énergie cosmique *(vâyu)*. Le Soi en est distinct, étant le connaisseur et le témoin de leurs mouvements.

4. Vis-à-vis de la fonction mentale *(manas)*.

Toutes les modifications mentales, attachement, désir, plaisir, peine, etc., sont perçues comme existant tant que l'esprit fonctionne. Elles ne sont pas perçues dans le sommeil profond, quand l'esprit cesse d'être actif. Donc, elles appartiennent à l'esprit et non au Soi. Cette enveloppe mentale étant objet de perception pour le Soi, étant impermanente, ayant un développement, une maturité et un déclin, le Soi en est distinct.

8. *Vivekacûdâmani*, 161-163.

5. Vis-à-vis de l'intellect *(buddhi).*

C'est la plus subtile des identifications à surmonter, parce que « l'enveloppe de l'intellect brille d'un vif éclat, car elle est toute proche du Soi. Et le Soi, en s'identifiant à tort avec elle, subit, par la force de l'illusion, la loi des renaissances [9] ». C'est que *buddhi,* lorsqu'elle est obscurcie par les *guna rajas* et *tamas,* donne naissance au sens de l'ego *(ahamkâra),* qui, en s'identifiant avec le corps grossier, s'imagine être, sur la scène de ce monde, l'acteur et le bénéficiaire, s'attribue à tout propos les devoirs, les fonctions et les attributs des différents stades d'existence, et joue successivement les rôles de l'homme éveillé, du rêveur et du dormeur. Au contraire, *buddhi* dominée par *sattva* tend à révéler le Soi.

On doit distinguer le Soi de ces cinq gaines qui l'enserrent, comme un papillon rejette son cocon, ou comme un acteur rejette, à la fin du spectacle, le masque du personnage qu'il vient de représenter. Ce qui demeure, une fois les cinq conditionnements ôtés, est la pure Conscience, sans attributs et non-agissante, éternelle, sans idéations, exempte de toute souillure, sans changement ni forme, et toujours libre. Le Soi qui brille de sa propre lumière est le substrat irréductible atteint par la négation de toutes les déterminations limitatives.

IV. Révélation de sa propre véritable identité

La Réalité qui est atteinte au terme de ce processus de dépouillement intégral, s'avère alors n'être rien d'autre que la Réalité Suprême, qui était l'objet de la quête. A la discipline de négation de toutes les limitations succède une discipline d'affirmation de la Réalité absolue. La fausse identification à des conditions impermanentes et relatives

9. *Vivekacûdâmani,* 181.

est remplacée par l'identification à la Réalité intemporelle et absolue :

« J'emplis toutes choses de l'extérieur et de l'intérieur. Toujours immuable et parfait, je suis identique en toutes choses. Je suis pur, non attaché, sans souillure, immobile.

« Je suis en vérité ce Suprême *Brahman,* qui est éternel, pur et libre ; qui est un, indivisible et sans dualité ; et qui est Vérité, Connaissance et Infinité [10]. »

« En éliminant le non-Soi, on finit par réaliser l'*âtman* qui est évident par lui-même, inconditionné comme l'éther, et qui outrepasse la pensée [11]. »

C'est l'indestructible et invariable essence de l'homme, l'Etre incréé, l'unique et omniprésente Réalité qu'on appelle *Brahman.*

Cette identité complète du Soi humain *(âtman),* une fois dépouillé de tous les conditionnements adventices, et de la Réalité suprême *(Brahman),* est enseignée par les *Veda* et les *Upanishad,* au moyen de multiples affirmations, dont les plus célèbres, retenues pour les besoins de la méditation, sont les quatre « grandes paroles » *(mahâvâkya)* :

Cela, tu l'es ! *(Tat tvam asi)*
Je suis *Brahman (Aham Brahmâsmi)*
Ce Soi est *Brahman (Ayam âtmâ Brahma)*
Brahman est Conscience *(Prajñânam Brahma).*

Nous n'étudierons que les deux premières :

1. « Tu es Cela »

La Réalité Suprême *(Brahman)* est définie comme Vérité-Connaissance-Infinité *(satyam jñanam anantam),* ou encore comme Etre absolu-Conscience absolue-Félicité absolue *(saccidânanda).* Ces mots ne désignent pas des

10. *Atmabodha,* 35. — 11. *Vivekacûdâmani,* 250.

qualités de la Réalité, mais sa nature essentielle. Ainsi *Brahman* ne possède pas l'être au sens où un objet existe. Il est l'Etre lui-même, l'essence de l'existence, inconditionné par le temps, l'espace et la causalité. De même, ce n'est pas que *Brahman* connaisse ou soit conscient de quoi que ce soit ; il est la Conscience absolue, l'essence de la connaissance. La connaissance n'est possible dans le monde relatif que parce que *Brahman* forme l'essence du sujet connaissant. De même, la Félicité ou Béatitude parfaite *(ânanda)* n'est pas un attribut de *Brahman,* mais son être même. Elle n'est pas de la nature du bonheur produit par le contact des sens avec leurs objets, étant à elle-même sa propre cause. Même les plus hautes formes de bonheur éprouvées dans le monde relatif, celles des états paradisiaques, ne sont qu'un reflet de la Félicité de *Brahman.* Le « Connaisseur de Brahman » ne jouit pas de cette Béatitude comme d'un objet ; il coïncide avec elle, il est devenu la Béatitude totale et sans limites. Enfin, Etre, Conscience et Félicité sont « indistinctibles » en *Brahman,* ils ne sont distingués qu'à cause de l'inadéquation du langage à exprimer la Réalité en qui l'Etre est Conscience, l'Etre est Béatitude, la Conscience est Etre, elle est Béatitude, et la Béatitude est Conscience. C'est aussi à cause de l'inexpressibilité de *Brahman* qu'on parle de son unité : la Réalité Suprême est une, mais non pas au sens où le soleil est un, au sens où un objet est unique. Car l'idée d'unité, dans le domaine relatif, implique toujours l'existence d'un second qui perçoive l'unité ; elle est donc corrélative de l'idée de dualité et de multiplicité. Tandis que l'unicité de *Brahman* signifie l'identité complète du sujet et de l'objet, une expérience indescriptible, où il n'y a plus de dualité dans l'Etre.

Dans la phrase « Tu es Cela », la Réalité suprême *(Brahman)* est indiquée par le mot « Cela », l'être individuel *(jîva)* par le mot « tu ». Leur identité n'est pas à comprendre au sens littéral, car leurs attributs s'opposent autant que ceux du soleil et du ver luisant, de l'océan et de la vague, du roi et du serviteur, du mont Meru et de l'atome. L'identification n'est possible que lorsque les deux termes ont été dépouillés de tous leurs attributs, et réduits à leur essence pure. Dans le cas de l'être individuel, le dépouillement est celui des cinq enveloppes du Soi, causes de son ignorance et de sa faiblesse. Dans le cas de la Réalité suprême, le dépouillement est celui de ses attributs de Seigneur, de Dieu (omnipotence, omniscience, etc.), qui sont tous relatifs à la manifestation et forment comme la contrepartie des limitations du *jîva*. Abstraction faite des attributs, qui appartiennent à la réalité empirique et phénoménale, dont le disciple s'est désolidarisé, et non à la Réalité absolue, en laquelle il se réfugie et sur laquelle seule il se fonde, une fois donc éliminés les attributs, il ne reste que leur essence commune, la Conscience de base en laquelle Dieu et l'homme ne font qu'un. De même, « le sceptre est l'attribut du roi ; le bouclier, celui du guerrier. Retire à l'un son sceptre ; à l'autre, son bouclier : il n'y a plus ni roi, ni guerrier [12]. » Comme dans tout acte de recognition, il y a élimination des aspects en conflit, pour ne retenir que ce qui est commun aux deux termes. Par exemple, quand on reconnaît : « C'est lui, ce Devadatta » (que j'ai connu il y a longtemps et dans un autre lieu), on néglige toutes les circonstances qui diffèrent pour centrer l'attention sur l'homme lui-même, identique à travers les conditions changeantes. De même, pour comprendre « Tu es Cela », le sage abandonne les éléments contradictoires associés avec le « tu » et avec le « Cela », et reconnaît leur identité, son attention se portant exclusivement sur l'essence qui leur est commune.

« Ce qui est par-delà les castes et les croyances, la famille et la race, ce qui est dénué de nom et de forme, ce qui outrepasse le bien et le mal, ce qui transcende l'espace, le temps et les objets perçus, c'est *Brahman* — et tu es ce *Brahman* ! Médite donc sur Cela en ton cœur !

12. *Vivekacûdâmani*, 244.

« Ce suprême *Brahman* que le langage n'atteint pas, mais que l'œil intérieur contemple en l'état d'illumination ; qui n'est touché ni souillé par rien, qui est la Connaissance absolue, Etre sans commencement et sans fin — tu es ce *Brahman* ! Médite donc sur Cela dans ton cœur !

« Ce qui n'est assujetti ni à la naissance, ni à la croissance, ni au développement, ni au déclin, ni à la maladie, ni à la mort ; qui est indestructible ; qui est la cause par laquelle l'univers est projeté, maintenu et dissous — ce *Brahman* tu es ! Médite donc sur Cela dans ton cœur [13] ! »

2. « Je suis Brahman »

Quand le *jñânin* médite sans interruption de cette manière sur l'unité du soi individuel et du Soi universel, il s'élève en lui un état de conscience *(vrtti)* exprimé par la parole « Je suis *Brahman* », dans lequel il s'identifie à « l'Inconditionné, la Paix silencieuse, l'Illimité sans commencement et sans fin, le Témoin qui demeure en dehors de toute activité, la Félicité absolue [14] », à « cette Réalité indivisible, incommensurable, informelle, indifférenciée, inexprimable et immuable, qui resplendit de sa propre Lumière [15] », à « ce *Brahman* qui est la totalité de tous les êtres et de toutes les choses, le Soi de toutes les créatures [16] ».

Cet état, qui n'est pas encore la Libération, mais l'illumination de la *buddhi* purement sattvique par la lumière de l'*âtman* qu'elle laisse transparaître, détruit tous les doutes concernant la Réalité et consume l'ignorance.

13. *Vivekacûdâmani*, 254, 255, 258.
14. *Ibid.*, 237. — 15. *Ibid.*, 238. — 16. *Ibid.*, 240.

V. La pratique du Jnâna-yoga

Affermir cet état d'illumination, qui est « l'aube de la connaissance », et le rendre permanent, est le but de l'effort de réalisation *(sâdhana)*. Il ne faudrait pas croire qu'une simple aperception intellectuelle de la vérité suffise.

« Ces personnes qui sont seulement très habiles à discuter sur *Brahman*, mais qui n'ont pas de réalisation personnelle, et sont bourrées d'attachements, renaissent et meurent encore et encore en conséquence de leur ignorance [17]. »

Le *Jñâna-yoga* doit être pratiqué sans cesse avec un intense amour pour le But à atteindre et une détermination sans fléchissement, jusqu'à ce que *Brahman* soit réalisé aussi directement et évidemment « qu'un fruit qu'on tient dans la paume de la main ».

On distingue quatre moments de la pratique :

— Ecouter *(çravana)* les instructions d'un *guru* qualifié.

— Réfléchir *(manana)*, penser constamment à ces enseignements, éliminer les doutes, les objections, et affermir sa conviction par des raisonnements corrects.

— Méditer *(nididhyâsana)*.

— S'absorber en *Brahman* *(samâdhi)*.

La discipline de négation de toutes les fausses identifications et la contemplation du *Brahman* doivent être continuées sans intermission. Ni le sommeil, ni le souci d'affaires temporelles ne doivent faire perdre de vue la vraie nature du Soi.

« Assis en un lieu retiré, libérant l'esprit des désirs et contrôlant les sens, médite avec une attention inébranlable sur l'infini *âtman*, l'Un sans dualité.

« L'impression " Je suis *Brahman* " ainsi créée par une réflexion ininterrompue, détruit l'ignorance et ses distractions, comme un élixir de longue vie dissipe la maladie [18]. »

17. Çankarâcârya, *Aparokshânubhuti*, 133.
18. *Atmabodha*, 37-38.

Les obstacles qui se dressent sur la voie du *jñânin* sont :

1. *La somnolence.* Inertie, fléchissement de l'intérêt, paresse, assoupissement physique ou stagnation mentale sont surmontés en stimulant l'esprit par divers moyens : lectures, discussions, chants, fréquentation des sages, etc.

2. *La distraction,* causée par la foule des pensées, souvent vagues et insignifiantes, la résurgence incohérente des souvenirs, la légion des désirs, des doutes et des petites stupidités de l'esprit. Elle doit être surmontée par la lucidité, l'observation détachée, l'attention juste et l'application. Le *yogin* doit demeurer le témoin impartial de toutes les modifications de son esprit.

3. *L'attachement.* L'esprit est parfois entraîné par des emportements émotionnels, balayé par un violent attachement ou saisi par la soif de goûter à nouveau une expérience passée. Le *yogin* doit surmonter ces déferlements, en se rappelant que tout bonheur basé sur le contact de l'objet et du sujet est transitoire, et rechercher la source de la félicité.

4. *La satisfaction dans un état heureux non ultime.* Le *yogin* atteint des états béatifiques, il a parfois des visions ou des extases qui sont seulement des pierres d'achoppement pour lui, dans la mesure où il s'attache à leur jouissance, et cesse de faire effort pour aller plus loin, parce qu'il prend à tort ces expériences secondaires pour la Réalité ultime. Il arrive aussi qu'il demeure si absorbé dans la félicité du *savikalpa-samâdhi,* qu'il refuse de l'abandonner pour faire le saut final, le grand plongeon dans la Réalité absolue qui annihile tout sens du moi.

« Aussi longtemps que l'identification avec le corps grossier n'est pas déracinée, reste vigilant, concentre ton esprit !

« Si tu conserves encore — fût-elle aussi inconsistante qu'un songe — la perception d'un univers extérieur et d'âmes distinctes les unes des autres, redouble d'ardeur [19] ! »

Tous les obstacles s'élèvent seulement à cause de l'inadvertance, de l'incapacité de demeurer établi dans la conscience du Soi. Si l'esprit s'écarte tant soit peu du Soi et devient oublieux, il tombe de degré en degré, comme la balle qu'on a lâchée rebondit de marche en marche jusqu'au bas de l'escalier. La vérité du Soi est extrêmement subtile et ne peut être atteinte par un esprit distrait ; elle ne peut être réalisée que par une concentration exraordinaire de tous les instants.

La consommation de la pratique est atteinte quand le *yogin* obtient une conviction de son identité avec *Brahman* aussi ferme, incontestée et spontanée que la croyance de l'homme ordinaire en son identité avec le corps. Cette réalisation conduit au *samâdhi* :

1. *savikalpa-samâdhi,* quand le *yogin,* quoique absorbé en *Brahman,* fait encore la distinction entre connaisseur, connu, et connaissance, et retient ne serait-ce qu'un soupçon de conscience individuelle. Le *jñânin* est encore conscient du monde phénoménal, bien qu'il le voie maintenant comme pénétré, imbibé par l'Absolu. C'est comme s'il voyait des jarres, des cruches et des pots, tout en voyant l'argile dont ils sont formés.

2. *nirvikalpa-samâdhi* est l'absorption totale, dénuée de conscience individuelle. Toute distinction entre le connaisseur, le connu et la connaissance s'abolit, et l'esprit se fond entièrement en *Brahman,* ne fait plus qu'un avec la Réalité absolue, comme un grain de sel dissous dans l'eau ; ou, pour prendre une comparaison plus adéquate :

19. *Vivekacûdâmani,* 284-285.

« Lorsqu'une cruche se brise en morceaux, l'éther emprisonné en cette cruche s'unit sous nos yeux à l'éther sans limites. Par la destruction des conditions limitatives, le Connaisseur de *Brahman* devient *Brahman* lui-même [20]. »

VI. Le Délivré-vivant (jîvan-mukta)

Après l'expérience du *nirvikalpa-samâdhi,* le *yogin* atteint la liberté absolue. « Les nœuds du cœur sont tranchés », l'attachement à l'ego et au monde phénoménal est entièrement dissous.

« Le *yogin* qui possède l'illumination complète voit, par l'œil de la connaissance, l'univers entier comme son propre Soi, et se voit Soi-même comme l'Un présent en tout [21]. »

L'émerveillement du Libéré devant cette expérience d'universalisation du Soi ne connaît pas de bornes :

« Où s'en est allé l'univers ? Qui l'a fait disparaître ? En quoi s'est-il résorbé ? Tout à l'heure je le percevais, et voici qu'il s'est évanoui. Quelle étrange merveille ! Je ne vois partout que l'Océan de la Réalité que remplit jusqu'aux bords le nectar de la Félicité absolue. Il n'y a rien à rejeter, rien à accepter, rien qui soit autre que le Soi... Bienheureux suis-je, j'ai atteint le but de l'existence, j'ai échappé à la prison de la transmigration... Enfin, les chaînes sont rompues ! Je suis affranchi du corps grossier, affranchi du corps subtil. Rien ne peut m'affecter. Je suis en paix ; je suis illimité ; je suis pur de toute souillure ; je suis éternel... En vérité, je suis *Brahman,* l'Un sans second, ce à quoi rien ne peut être comparé, la Réalité qui existe de toute éternité, ce qui outrepasse toutes les imaginations telles que " toi " et " moi ", " ceci " et " cela ". Je suis l'Essence de l'éternelle Félicité, je suis la Vérité !... Moi seul réside, en tant que Conscience pure,

20. *Vivekacûdâmani,* 565.
21. *Atmabodha,* 47.

au fond de tous les êtres. Je suis le support du monde extérieur et du monde intérieur. Je suis à la fois le sujet et l'objet de toute expérience. Je suis ce qu'auparavant, je tenais pour l'univers ou le non-Soi. Je suis l'océan de la Béatitude infinie, et c'est en moi, qu'au souffle capricieux de *mâyâ,* s'élèvent et s'apaisent toutes les vagues de l'univers [22]. »

Bien que demeurant en contact avec son corps, dont la persistance est due au *prârabdha-karman* [23], le Délivré-vivant n'est nullement affecté par les conditionnements qui en découlent. Son statut ne peut être exprimé qu'avec des paradoxes : « Il ne possède rien, et cependant il est pleinement rassasié. Il est privé de toutes ressources, et cependant il a tous les pouvoirs. Il ne tire jouissance d'aucun objet des sens, et cependant il éprouve sans cesse le contentement le plus intense... Tout en agissant, il demeure inactif. Tout en cueillant le fruit d'actions antérieurement accomplies, il n'en est pas affecté. Tout en ayant un corps de chair, il ne s'identifie pas à lui. Tout en étant limité, il est omniprésent. Ni plaisir ni souffrance, ni bien ni mal ne touchent ce Connaisseur de *Brahman...* Il vit en tant qu'*âtman.* Il est réellement Çiva lui-même [24]. »

Avec l'épuisement du *prârabdha-karman,* le corps tombe de lui-même, et sa mort n'affecte pas plus le Libéré

22. *Vivekacûdâmani,* 483-496.

23. Le *prârabdha-karman* est le *karman* déjà entré en action, ayant commencé à fructifier, qui est la cause directe de la naissance et de la vie dans le corps actuel. Il s'oppose au *karman* accumulé pendant d'innombrables existences *(samcita-karman),* et au *karman* qui n'est pas encore venu à maturité et dont les effets ne se feront sentir que dans des vies à venir *(âgâmi-karman).* Ces deux derniers sont réduits en cendres par le Feu de la Connaissance réalisatrice. Mais le *karman* qui a déjà commencé à fructifier *(prârabdha)* doit inéluctablement produire ses résultats jusqu'au bout, de même que la flèche décochée par un chasseur, même s'il s'aperçoit une seconde trop tard d'une erreur de tir, ne peut plus être arrêtée dans sa course et doit fatalement atteindre la cible visée.

24. *Vivekacûdâmani,* 543-545 et 553.

que la chute d'une feuille n'affecte l'arbre en automne. Tous les conditionnements adventices étant dissous, c'est l'absorption totale dans la Réalité Suprême, comme l'eau dans l'eau, l'espace dans l'espace, la lumière dans la lumière.

7. LE YOGA DE L'EVEIL DE L'ENERGIE ENROULEE (*KUNDALINI-YOGA*) ET LE YOGA DE L'EFFORT VIOLENT (*HATHA-YOGA*)

I. *KUNDALINI-YOGA*

Çiva et Çakti

Dans tous les yogas qui relèvent de la perspective tantrique [1], la Réalité Suprême, irréductible, immuable, est appelée Çiva. Et la Cause de la Manifestation universelle *(Prakṛti)* est appelée Çakti, la Puissance de Çiva. Çiva est la Conscience une et absolue, sans différences ni degrés. C'est la Çakti qui crée le mouvement et la multiplicité, au moyen de ces divisions et limitations de la Conscience que sont le mental et le matériel. Tout l'univers est le jeu mutuel de ces deux principes : Çiva et Çakti, la Conscience parfaite, immuable, et sa capacité de s'oublier en tant que telle et de s'exprimer comme dynamisme et changement. Ces deux principes, toutefois, ne font qu'un au regard de la Réalité absolue, et le *yogin* qui a atteint la perfection (le Siddha) réalise en lui-même leur unité.

La Çakti, Pouvoir d'occultation

En premier lieu, la Çakti suscite la possibilité d'oublier le Soi, de perdre de vue la nature de la Réalité ultime.

1. Le tantrisme est l'esprit qui anime les *Tantra,* vaste ensemble de textes qui se présentent tantôt comme une adaptation de la doctrine védique aux besoins et aux capacités des hommes de l'âge actuel, tantôt comme une révélation originale.

C'est son pouvoir d'obscurcissement *(âvarana),* par lequel elle voile et recouvre la nature de la Réalité suprême, l'unité et l'infinité de l'Etre qui est Conscience et Béatitude absolues. C'est elle qui fait que le monde sensible semble différent de ce qu'il est en essence. C'est pourquoi elle est appelée Mâyâ, Magie, Puissance d'illusion, par ceux qui suivent la voie du *jñâna-yoga* et adoptent pour unique antidote la Connaissance véritable, qui révèle l'Etre et dissipe l'illusion. A cette Mâyâ cosmique répond, sur le plan individuel, l'ignorance spirituelle *(avidyâ),* la nescience *(ajñâna)* qui perpétue le *samsâra.* Qu'un élément d'inconscience soit présent dans toute la manifestation est évident du fait que tout ce qui est limité par un corps ou par un psychisme n'est pas Conscience pure, mais conscience conditionnée. Les facultés mentales limitent la conscience pour permettre la possibilité d'expériences finies. « Rien, dans le monde phénoménal, n'est absolument conscient ni absolument inconscient. Conscience et inconscience sont toujours entremêlées [1 bis]. Certaines choses, pourtant, semblent être plus conscientes, et certaines plus inconscientes que d'autres. Cela est dû au fait que *Cit* (la Conscience), qui n'est jamais absente de rien, pourtant se manifeste en diverses guises et à divers degrés. Le degré de cette manifestation est déterminé par la nature et le développement du mental et du corps dont elle s'est revêtue. L'Esprit demeure le même ; le mental et le corps varient. La manifestation de la Conscience est plus ou moins limitée, à mesure qu'on s'élève du minéral à l'homme... Mais à travers toutes ces étapes de la vie, *Cit* demeure la même ; elle ne se développe pas elle-même en réalité. L'apparence de développement est due au fait qu'elle est tantôt plus et tantôt moins voilée ou contractée

1 bis. L'élément d'inconscience est absent seulement dans la Conscience suprême (*Brahman,* Çiva). « Il n'y a pas de mental sans un fond de conscience, bien que la Conscience suprême soit sans mental *(amanas).* Là où il n'y a pas de mental, il n'y a pas de limite. » Arthur Avalon (John Woodroffe), *La Puissance du Serpent,* p. 34.

par le mental et le matériel. C'est en la voilant ainsi que la Çakti crée le monde [2]. »

La Çakti, Pouvoir de projection

Mais, sur l'écran ainsi tendu sur la Réalité Suprême, la Çakti déploie la diversité chatoyante et mouvante de l'existence phénoménale [3]. C'est son pouvoir de projection *(vikshepa)*, grâce auquel l'univers est manifesté. La Çakti est la Puissance qui s'actualise en tant qu'univers, l'Energie primordiale dont tout phénomène contenu dans l'espace et le temps n'est qu'une manifestation partielle, le changement sous la forme de tout ce qui est mental et matériel. Elle délimite des formes dans la Conscience sans formes, « finitise » l'infini, divise l'Un, exprime l'immuable dans le mouvement et le devenir. Elle est la grande Matrice de tout ce qui est né, produit, causé, la Mère de l'univers, l'aspect féminin du Divin, à la fois la Source ultime de l'Energie et toutes ses innombrables transformations. Ce qu'elle est en elle-même, nul ne peut le concevoir, elle n'est connue que par ses effets. Son dynamisme imprègne tout l'univers qui n'est que changement perpétuel, depuis la matière la plus inerte (où le *guna tamas* rend ce mouvement lent et imperceptible) jusqu'à l'esprit, dont les fluctuations, les modifications continuelles *(vrtti)* révèlent la nature conditionnée. La manifestation cosmique est

2. *La Puissance du Serpent*, p. 37-38.

3. Il y a une connexion profonde entre le pouvoir de recouvrement et le pouvoir de projection. Même dans l'expérience ordinaire nous observons que lorsque la vraie nature d'une chose est ignorée ou voilée, surgissent toujours des notions tout autres que la réalité, et qui ont un caractère actif. Ainsi dans la pénombre, un poteau est pris pour un homme, ou une corde pour un serpent, et cette « vision » provoque une peur réelle. Ou encore, l'inquiétude n'est pas seulement absence de quiétude, mais présence d'une agitation effective, l'inimitié n'est pas seulement l'absence d'amitié, mais l'existence de la haine, etc.

l'expression de l'activité de la Çakti sur le fond statique [4] de la Réalité Suprême, Çiva, qui dans l'être incarné est présent comme l'axe de la Conscience, le principe du « Je ». Ainsi, il y a en l'homme une puissance qui se manifeste comme activité corporelle et mentale, et une Conscience fondamentale et immobile qui préside à celle-ci et en est le principe unificateur. Le couple suprême, Çiva-Çakti, est donc présent en l'homme comme en toutes choses.

Ku*nd*alinî

Avant la manifestation cosmique, Çiva et Çakti, Dieu et Sa Puissance, forment une unité sans dualité. Çakti, dans un état potentiel, repose en Çiva, l'Etre infini, totalement indistincte de Lui. Lorsque le temps d'une nouvelle création arrive, Çakti, qui contient en elle-même les *samskâra* collectifs, c'est-à-dire les impressions mentales et tendances produites par le *karman* accompli dans les mondes antérieurs, constituant la masse de l'ignorance potentielle et du désir de jouissance des expériences conditionnées, devient Puissance active, et déploie tout l'univers dans l'ordre d'émanation des *tattva* décrit par le *Sâmkhya*. « Çakti œuvrant comme *Prakrti,* développe d'abord le mental *(Buddhi, ahamkâra, manas)* et les sens *(indriya),* puis la matière sensible *(bhûta)* sous ses cinq formes (éther, air, feu, eau, terre) dérivées des principes suprasensibles... Lorsque Çakti est entrée dans le dernier et le plus grossier des *tattva,* " la terre ", c'est-à-dire la matière solide, son œuvre est achevée. Son activité créatrice cesse, et *Elle se repose.* Elle se repose dans Sa dernière émanation, le principe terrestre [5]. »

4. La Çakti est aussi inséparable de Çiva que le vent mobile de l'espace dans lequel il souffle.

5. *La Puissance du Serpent,* p. 47. J. Woodroffe ajoute en note que les termes d'éther, d'air, de feu, d'eau et de terre « ne sont pas pris dans le sens occidental habituel, mais désignent les états éthéré, gazeux, igné, liquide et solide de la matière ».

Elle est alors la Puissance Résiduelle *(ucchishta)*, l'Energie qui demeure inemployée après la production de la matière solide et l'achèvement de la création, et qui est symbolisée en langage mythologique par le Serpent Çesha (dont le nom signifie Reste, Surplus), lequel supporte la terre, et est appelé aussi Ananta (Infini). Cette puissance résiduelle est en effet infinie, car la Source de l'Energie, étant infinie, n'est pas épuisée par l'actualisation de son potentiel :

> « Du Tout, quand le Tout a été enlevé,
> le Tout demeure [6]. »

Mais, ayant accompli l'œuvre de la création, elle redevient potentielle et statique, c'est pourquoi on la décrit comme un serpent lové, c'est-à-dire une force repliée sur elle-même, enroulée.

Cette Çakti est appelée, à l'échelle cosmique, Mahâku*nd*alî, la Grande Puissance lovée, et à l'échelle microcosmique, c'est Ku*nd*alinî, la Lovée, l'énergie qui, au terme du processus involutif qui a produit le psychisme et le corps, demeure comme support de la manifestation individuelle. Elle est représentée comme un serpent femelle endormi, dont la demeure dans le corps humain est le « centre » *(cakra)* correspondant à la Terre à la base du tronc. De même que dans son état potentiel avant la Manifestation, elle était enroulée autour du Suprême Çiva, elle est maintenant enroulée trois fois et demie autour de « l'Axe de l'Existant par Soi-même » *(Svayambhu-linga)*, le Réel statique. Elle est le support immobile et la racine de tous les pouvoirs de l'être individuel.

Les cakra

En vertu de l'analogie entre le microcosme et le macrocosme, toutes les forces cosmiques sont présentes en

6. *Br. A. Up.*, V, 1.

l'homme. « Tous les dieux résident en l'homme, comme des vaches dans une étable » disait déjà l'*Atharva-Veda.* Bien plus, toutes les étapes de la manifestation cosmique, qui forment comme une hiérarchie de plans d'existence, se retrouvent en l'homme. Et comme le corps grossier ne fait que manifester sur le plan physique la structure du corps subtil, il s'ensuit que les différents *tattva,* dans leur ordre d'émanation, sont inscrits dans le corps physique. C'est ainsi que l'on reconnaît, dans le corps, certaines régions que l'on met en correspondance avec certains principes. Toutefois, il faut prendre garde que les « centres » *(cakra)* où opèrent les *tattva,* ainsi localisés dans le corps grossier, n'appartiennent pas à celui-ci, et qu'on ne doit pas chercher à les identifier à des organes du corps physique, car ceux-ci ne sauraient en aucun cas être autre chose que des supports.

Les *cakra* (roues, cercles, ou centres) sont répartis le long de l'axe cérébro-spinal, qui représente l'axe vertical de la « descente » de la Conscience dans la matière, et de son éventuelle remontée ou libération. La colonne vertébrale est, par ailleurs, identifiée à la montagne Meru, qui, dans la géographie symbolique, est l'axe du monde. Les six *cakra* sont les sphères d'activité de la Çakti, le siège des *tattva* qui gouvernent chacun des plans d'existence. Outre ces six centres se trouve, au sommet du crâne, le « lotus aux mille pétales » *(sahasrâra),* le centre dont les rayons sont innombrables, illimités, et éternels, qui est la demeure de Çiva, la Conscience inconditionnée. Ce centre représente la possibilité de transcender le domaine de la manifestation, et il est localisé au-dessus de l'orifice situé dans la couronne du crâne, appelé « l'ouverture vers l'Absolu » *(Brahmarandhra)* [7]. Cette suture sagittale, correspondant

7. Jean Varenne (*Upanishads du Yoga,* p. 35) remarque que « bien souvent il est dit que le lotus *sahasrâra* se trouve non pas « dans » le corps mais « au-dessus » de lui et renversé, c'est-à-dire avec la fleur « regardant » (comme le ferait un oiseau) le sommet de la tête ». Cette corolle inversée est si l'on veut l'auréole latente (« non épanouie ») que porte chaque homme.

à la fontanelle chez les nouveau-nés, est la voie royale pour s'échapper du corps, soit dans le *samâdhi,* soit au moment de la mort.

Le *cakra* le plus bas, où réside Ku*n*dalinî assoupie, est le *mûlâdhâra* (« le support de la base »), localisé à la base de la colonne vertébrale, dans la région coccygienne. A ce *cakra* correspond l'aspect le plus grossier de la matière, l'élément Terre, symbolisé par le carré.

Juste au-dessus se trouve le *svâdhishthâna* (« fondement de soi-même ») localisé dans la région sacrée de la colonne vertébrale, au niveau des organes génitaux. A ce *cakra* correspond l'élément Eau, symbolisé par le croissant.

Le *manipûra-cakra* (« éclatant comme un joyau ») est localisé dans la région lombaire de la colonne vertébrale, au niveau du nombril. A ce *cakra* correspond l'élément Feu, symbolisé par le triangle.

L'*anâhata-cakra* (*cakra* du son primordial) est localisé dans la région dorsale de la colonne vertébrale, au niveau du cœur. A ce *cakra* correspond l'élément Air, symbolisé par l'hexagone.

Le *viçuddhi-cakra* (*cakra* de la purification) est localisé dans la région cervicale de la colonne vertébrale, au niveau de la gorge. A ce *cakra* correspond l'élément Ether, symbolisé par le cercle.

Le sixième centre est *âjñâ-cakra* (*cakra* du commandement), localisé dans la tête, dans la région entre les deux sourcils. A ce *cakra* correspondent les *tattva* psychiques : faculté mentale *(manas),* sens d'individuation *(ahamkâra)* et Intellect *(Buddhi).*

Les *cakra* sont mentionnés expressément comme situés à l'intérieur du conduit d'énergie subtile *(nâdî)* nommé Sushumnâ, qui passe au centre de la colonne vertébrale (excepté pour l'*âjñâ,* qui est dans la tête, et le *sahasrâra,* qui n'est pas compté au nombre des *cakra,* étant au-delà du domaine de la manifestation). De l'intérieur de la Sushumnâ, les *cakra* commandent toute la portion du corps circonvoisine ; mais ils sont décrits aussi comme des fleurs de lotus *(padma)* qui en jaillissent comme de leur tige. Ces

ELEMENTS SYMBOLIQUES

CAKRA	*Tattva*	*Mandala*	Couleur du *tattva*	Couleur du lotus et nombre de pétales
SAHASRARA	Au-delà des *tattva*	Sans forme	Incolore	Lumineux mille pétales
AJNA	*Buddhi Ahamkâra Manas*	Triangle inversé	Blanc	Blanc deux pétales
VIÇUDDHI	Ether	Cercle	Blanc bleuté	Pourpre sombre seize pétales
ANAHATA	Air	Hexagone	Gris [fumée]	Doré douze pétales
MANIPURA	Feu	Triangle	Rouge feu	Flamboyant dix pétales
SVADHISHTHANA	Eau	Croissant	Blanc	Vermillon six pétales
MULADHARA	Terre	Carré	Jaune	Cramoisi quatre pétales

ASSOCIES AUX *CAKRA*

Syllabe (*bîja*)	Divinité	Animal	Monde	*Nœud (granthi)*	
Silence	Suprême Çiva		*Satyaloka*		ÇIVA
O*M*	Çambhu		*Maharloka*	Nœud de Rudra	
HA*M*	Sadâçiva		*Tapolaka*		
YA*M*	Iça	Antilope (agilité, mobilité)	*Janaloka*	Nœud de Vishnu	ÇAKTI
RA*M*	Rudra	Bélier	*Svarloka*		
VA*M*	Nârâyâ*n*a	Monstre marin	*Bhuvarloka*		
LA*M*	Brahmâ	Eléphant (solidité, fermeté)	*Bhûrloka*	Nœud de Brahmâ	

Les cakras.

lotus sont représentés comme en bouton chez l'homme ordinaire, la tête penchée vers le bas ; c'est-à-dire que les possibilités appartenant au niveau d'existence représenté par chaque *cakra* ne sont pas chez lui pleinement développées.

Les nâ*d*î

Le corps est parcouru d'une infinité de canaux *(nâdî)* [8] qui véhiculent les souffles vitaux *(prâna),* c'est-à-dire l'énergie du corps subtil vivifiant le corps grossier. Ces *nâdî* sont innombrables ; on en donne un compte de 72 000 selon certains textes, de 350 000 selon d'autres (chiffres symboliques). De ces milliers de *nâdî,* soixante-douze sont les principales, et parmi celles-ci, quatorze sont prises en considération par les *yogin.* D'entre ces quatorze, trois ont une importance capitale : I*d*â, Pingalâ et Sushumnâ. Et d'entre ces trois, la « *nâdi* suprême, bien-aimée des *yogin* [9] », est Sushumnâ, le canal central, courant à l'intérieur de l'axe cérébro-spinal. De part et d'autre de Sushumnâ sont : à gauche *Idâ,* la *nâdî* lunaire, symbolisée par le blanc pâle, et Pingalâ, la *nâdî* solaire, symbolisée par le rouge vermeil. Ces deux *nâdî,* représentant les deux pôles opposés de la manifestation, sont actives chez l'homme ordinaire, tandis que chez celui-ci, Sushumnâ, la voie médiane, qui a la nature du Feu, est inactive et le *prâna* n'y circule pas. Toutes les *nâdî* ont leur source dans le *mûlâdhâra-cakra,* d'où elles s'élèvent en se ramifiant dans tout le corps. Mais Sushumnâ monte tout droit jusqu'au sommet du crâne et débouche sur le lotus aux mille pétales, tandis qu'I*d*â et Pingalâ partant, l'une du testicule droit et l'autre du testicule gauche, aboutissent respectivement à la narine gauche et à la narine droite. Cependant

8. J. Woodroffe définit les *nâdî* : « des lignes de direction subtiles que suivent les forces vitales ».
9. *Çiva-Samhitâ,* II, 13.

ces deux *nâdî* ne suivent pas un chemin parallèle à Sushumnâ, mais s'entrecroisent autour d'elle comme les serpents du caducée de Mercure, formant à chaque fois des jonctions, dont la plus importante est la « confluence » qu'elles forment avec Sushumnâ au niveau de l'*âjñâ-cakra,* avant de continuer leur parcours vers chaque narine.

L'éveil de Ku*nd*alinî

Au contraire du *jñâna-yogin,* le yogin qui suit la voie tantrique ne cherche pas à se détacher du monde phénoménal en s'appuyant sur les forces de l'intellect ; il vise à transmuter la nature tout entière, à partir de sa forme la plus grossière, la manifestation corporelle. Pour accomplir cette œuvre gigantesque, il a recours à Celle-là même qui a produit cette manifestation, l'Energie Fondamentale, maintenant somnolente et inerte sous l'apparence de la matière. Ku*nd*alinî est endormie, obturant de sa tête l'entrée de Sushumnâ, « le chemin par lequel on va jusqu'au Ciel du *Brahman* », fermant la voie du retour. Son sommeil correspond à un état d'obscurcissement de la conscience, qui ne reconnaît plus l'origine véritable des choses, qui est entièrement livrée au sentiment de l'altérité, de la scission complète entre objet et sujet, et s'agrippe aux objets du monde ou se débat contre eux, s'enfonçant ainsi dans une aberration de plus en plus implacable. De là, la Çakti ne peut plus par elle-même s'élever et, retrouvant son vrai Lieu, s'immerger à nouveau en Çiva. Toutes les techniques du *Kundalinî-yoga* et du *Hatha-yoga* ont pour but d'éveiller cette Puissance lovée, dont le sommeil permet notre expérience présente du monde. Notre état de veille est l'assoupissement de l'intelligence divine, sa somnolence ; et son éveil est notre sommeil à ce monde. Le but est donc d'éveiller Ku*nd*alinî, afin de lui faire reparcourir en sens inverse les étapes du mouvement créateur, dans un mouvement de retour à la Source où ultimement, l'Energie est réintégrée dans la Conscience suprême, et l'Unité primordiale restaurée. Dans cette remontée, la Çakti, partie du centre le plus bas, reprend en elle tout ce qu'elle a projeté, puis s'unit à Çiva dans le plus haut centre, le *sahasrâra-padma.* A chaque degré de cette ascension s'épanouit le lotus du centre où elle s'est élevée ; ce lotus se redresse et s'ouvre, c'est-à-dire tous les pouvoirs latents de ce plan d'existence sont développés. Mais, si Ku*nd*alinî ne s'arrête pas dans sa progression, chaque fois qu'elle s'élève à nouveau, le principe *(tattva)* inférieur est dissous dans le principe immédiatement supérieur, le grossier dans le subtil, l'effet dans la cause, jusqu'à l'absorption du dernier des *tattva* dans la Conscience inconditionnée. Chaque étape équivaut à un sacrifice *(yajña),* à l'offrande d'une oblation. Ce yoga est appelé aussi *Laya-yoga,* Yoga de la Dissolution, parce qu'il procède par dissolutions ou résorptions successives jusqu'à l'immersion ultime, qui est l'Union de Çakti à Çiva, suprême félicité et accomplissement du Yoga.

Les méthodes

Innombrables et complexes sont les méthodes du *Kundalinî-yoga.* Outre toutes les méthodes yogiques déjà connues, le yoga tantrique utilise abondamment le pouvoir du son *(mantra),* les diagrammes symboliques *(yantra),* le rituel, la concentration sur les *cakra,* les visualisations, etc. D'une manière générale, il n'écarte aucun aspect de la vie humaine, aucune activité corporelle ou psychique, mais les accueille et vise à les sacraliser, à les transformer en méthode d'éveil ; car en toutes il reconnaît une modalité de la divine Çakti.

Mais parmi toutes ces méthodes, il en est une qui tient une place privilégiée, car elle est plus ou moins indispensable à la pratique de toutes les autres : c'est le *Hatha-yoga,* la voie rapide pour forcer Ku*nd*alinî à s'éveiller.

II. *HATHA-YOGA*

Hatha signifiant en sanscrit force, violence, le *Hatha-yoga* est une voie raccourcie, mais nécessitant un effort extraordinaire, pour déboucher comme par effraction sur la Réalité absolue. Selon une étymologie symbolique donnée du mot *hatha,* le *Hatha-yoga* est l'unification du Soleil *(ha)* et de la Lune *(tha),* c'est-à-dire de toutes les dualités : Idâ et Pingalâ, souffle inspiré et souffle expiré, masculin et féminin, etc.

Le *Hatha-yoga* ne requiert pas d'autres qualifications de la part du disciple, qu'une consécration totale à la pratique du Yoga et une détermination inébranlable ; mais il ne doit être pratiqué que sous la direction et la surveillance étroite d'un *guru* compétent, car il implique des manipulations très dangereuses.

Pendant toute la durée de la pratique, le *yogin* doit observer la continence (qu'il soit un homme marié ou un renonçant), s'abstenir de consommer des aliments épicés ou trop salés, renoncer à la moutarde, au sésame et, en général, à toute nourriture amère, acide, forte, astringente, ou aigre ; sa diète est naturellement végétarienne, mais il doit éviter de manger trop de légumes verts, auxquels il préférera les légumes en forme de fruits ; « une diète abondante en lait, combinée avec l'usage du beurre clarifié, est recommandée, comme le sont les céréales bouillies, les lentilles et le riz [10] ». Il doit se tenir à l'écart du feu, renonçant à tout rituel, ne pas voyager ni faire de pèlerinages, s'abstenir de bains de l'aube et de jeûnes intempestifs.

1. La posture (âsana)

« Tenant son corps bien droit, l'adepte honorera d'abord, les mains jointes, la divinité de son choix [11]. » Puis, il doit

10. *Yogatattva-Up.*, 49.
11. *Ibid.*, 36, trad. par J. Varenne, *Upanishads du Yoga.*

se consacrer au premier élément du *Hatha-yoga,* la prise de posture *(âsana).*

Il existerait en tout, d'après les traités de *Hatha-yoga,* quatre-vingt-quatre centaines de milliers de postures, parmi lesquelles huit mille quatre cents sont retenues par la tradition, et d'entre ces dernières quatre-vingt-quatre sont les plus importantes. On se référera, pour la description de ces *âsana,* à l'abondante littérature traitant ce sujet. Il faut savoir qu'il y a deux types d'*âsana,* le premier type n'existant qu'en fonction du second : les *âsana* qui exercent le corps tout entier et en particulier la colonne vertébrale, brisant toute raideur et dissipant toute inertie, et les *âsana* de méditation. Parmi ceux-ci, les deux *âsana* regardés comme essentiels sont *padmâsana* (la posture du lotus), déjà décrit plus haut [12], et *siddhâsana* (la posture parfaite ou posture des Parfaits) ; celle-ci consiste à s'asseoir en appliquant fermement le talon du pied gauche contre la région du périnée, et en posant l'autre talon par-dessus.

La perfection en *âsana* procure trois résultats : la disparition de toute maladie, une sensation de légèreté physique, et la stabilité de la posture. C'est dire qu'elle neutralise, au niveau du corps, les effets du *guna tamas* et du *guna rajas.*

2. La maîtrise du souffle (prâ*n*âyâma)

Lorsqu'il possède à fond la posture, le *yogin* aborde le *prânâyâma.*

A. Purification des nâdî

Il commence par un type de *prânâyâma* ayant pour effet de purifier le réseau des *nâdî* des impuretés qui les encom-

12. Cf. chapitre sur le *Râja-yoga,* p. 95.

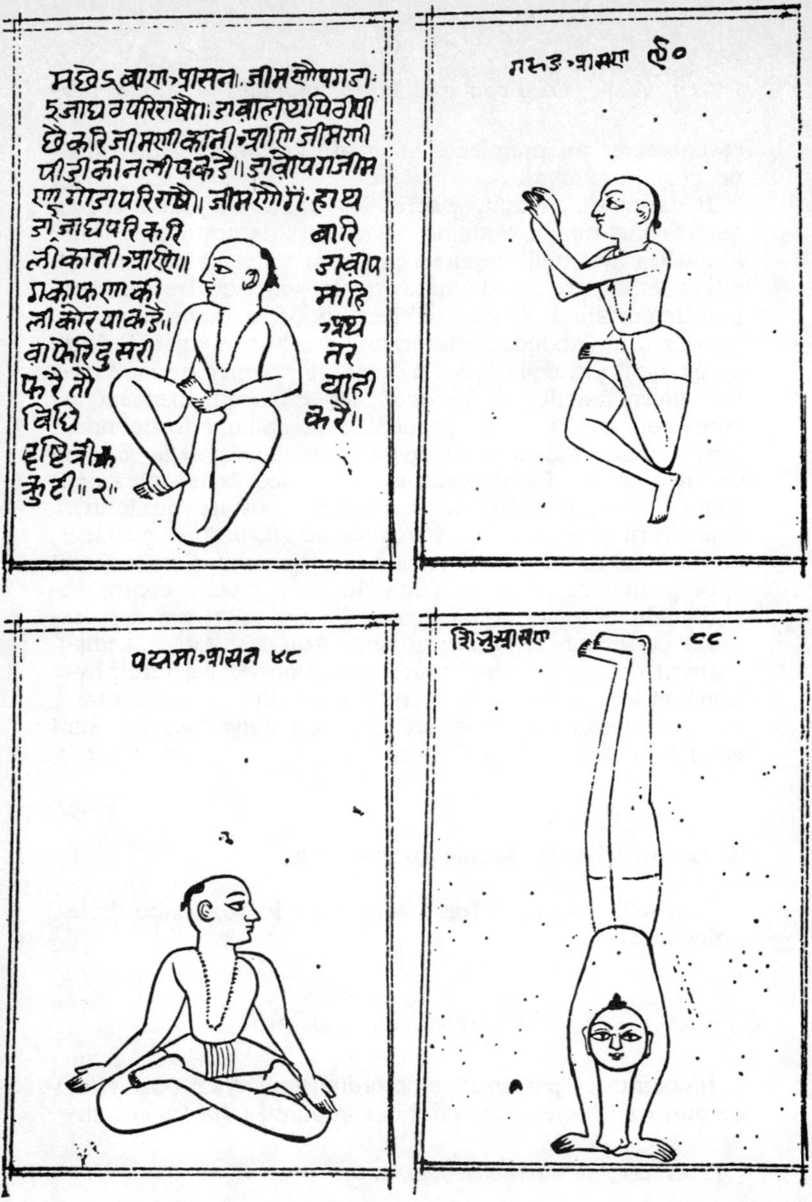

Manuscrit ancien du Rajasthan (Carnet de notes d'un yogi).
(Doc. Rajasthan Oriental Institut, Jodhpur.)

brent. Ce « *prânâyâma* de nettoyage des *nâdî (nâdî-çodhana-prânâyâma)* consiste à inspirer l'air par la narine gauche (celle qui correspond à Idâ, à la lune), à le retenir aussi longtemps que le *yogin* en est capable, puis à l'expirer par la narine droite (qui correspond à Pingalâ, au soleil). Immédiatement après cette expiration, il inspire à nouveau par la même narine (droite), puis, après rétention, expire par la narine gauche. Cela forme un cycle. Cette respiration alternée, qui n'utilise jamais qu'une seule narine à la fois, demande donc qu'on expire toujours par la narine opposée à celle par laquelle on vient d'inspirer, mais qu'on inspire toujours par la même narine par laquelle on vient d'expirer, et qu'on ne retienne le souffle qu'au bout de l'inspiration. Trois mois de cette pratique régulière (c'est-à-dire de quatre-vingts cycles, quatre fois par jour, au lever du soleil, à midi, au coucher et à minuit) suffisent à purifier l'entier circuit des *nâdî.* « Le *prânâyâma* correctement exécuté détruit toutes les maladies. Mais une pratique incorrecte engendre toutes les maladies : hoquet, essoufflement, toux, migraine, douleurs dans les oreilles et dans les yeux, et ainsi de suite [13]. »

Les signes extérieurs de la purification des *nâdî* sont la minceur physique, un teint lumineux, un appétit accru, et une santé parfaite.

B. Les six actions *(shat-karman)*

Au cas où le *prânâyâma* ne suffirait pas à opérer la purification requise, à cause de défauts physiques, tels qu'un excès de graisse ou de l'élément aqueux *(kapha)* dans le corps, le yogin a recours à certaines manipulations appelées les six actions. Mais quiconque est exempt de ces défauts n'a pas besoin en principe de les pratiquer, quoique les trois dernières soient généralement maîtrisées par tous les *hatha-yogin.*

13. *Hathayogapradipikâ,* II, 16-17.

1. Le nettoyage interne (dhauti).

Il consiste à avaler lentement presque toute la longueur d'une très longue bande de tissu fin (environ 7 mètres), trempée dans l'eau tiède. L'extrémité en est tenue serrée entre les incisives et l'on imprime à l'étoffe qui est dans l'estomac un mouvement tournant au moyen de l'exercice appelé *nauli* [14]. Puis on la fait ressortir.

Il y a d'autres formes de nettoyage interne. Dans le *vamana-dhauti,* pratiqué à jeun comme tous les *dhauti,* on boit de l'eau jusqu'à satiété, on la fait tournoyer dans l'estomac, puis on la vomit. Dans le *vârisâra-dhauti,* même opération, mais après le tournoiement, on exécute certains *âsana* qui forcent l'eau à descendre dans l'intestin et le rectum, et on l'évacue par l'anus. Dans le *vâtasâra-dhauti,* on avale de l'air en arrondissant les lèvres en forme de bec de corbeau, on l'agite bien dans l'estomac au moyen du *nauli,* puis on l'expulse par la bouche, ou bien, dans le *bahiskrta-dhauti,* on l'expulse par le bas au moyen des mêmes *âsana* que pour le *vârisarâ-dhauti.*

2. Lavement (basti).

Assis sur les talons, accroupi dans l'eau jusqu'à la hauteur du nombril, on doit insérer un tube dans l'anus, et contracter les muscles du rectum et du ventre de manière à ce que l'eau soit aspirée ; puis, enlever le tube, exécuter *nauli* pour faire circuler l'eau à l'intérieur, puis expulser soigneusement toute l'eau en utilisant à nouveau le tube. Lorsque ce lavement est accompli en aspirant non pas de l'eau, mais de l'air, il s'appelle « pompage à sec » *(çushka-basti).*

3. Conduite du fil (neti).

Un fil long d'un empan (ou une fine cordelette) doit être introduit dans une fosse nasale et on doit le faire

14. Voir page suivante.

ressortir par la bouche. Cela se fait en fermant l'autre narine avec le doigt, en inspirant par la narine où l'on conduit le fil et en expirant par la bouche. L'extrémité du fil vient alors dans la bouche. Saisissant les deux extrémités du fil, on le fait se mouvoir très doucement. Cela est fait ensuite avec l'autre narine.

Une pratique préparatoire à celle-ci consiste à aspirer de l'eau par les narines et à la rejeter par la bouche, ainsi qu'à aspirer l'eau par la bouche et à la rejeter par les narines.

4. Fixation oculaire (trâtaka).

« Fixer le regard, sans ciller ni cligner des yeux, sur une cible très fine, jusqu'à ce que les larmes jaillissent [15]. »

5. Tournoiement du ventre (nauli).

Debout, les épaules légèrement voûtées, les mains prenant appui sur les cuisses, on doit expirer, puis imprimer au ventre un mouvement tournant, en isolant les muscles droits *(rectus abdominis)*, les faisant rouler de la gauche vers la droite et inversement.

6. Clarification de la tête (kapâlabhâti).

Inspirer et expirer rythmiquement par les deux narines avec la rapidité d'un soufflet de forge. L'expiration est faite à chaque fois violemment et brusquement, en contractant les muscles abdominaux, mais l'inspiration se fait d'elle-même, l'air venant automatiquement remplir les poumons.

15. *Gheranda-Samhitâ*, I, 54.

C. Les différents prânâyâma

Lorsque le système des *nâdî* est purifié, le *yogin* peut se consacrer au *prânâyâma,* dont les textes énumèrent huit formes principales :

1. Sûryabhedana (la percée du soleil).

L'inspiration se fait avec lenteur par la narine droite (solaire), la rétention est prolongée jusqu'à la limite de ses capacités, puis l'expiration est faite avec lenteur par la narine gauche. Recommencer le même cycle d'inspiration par la narine droite, etc.

2. Ujjâyin (apportant la victoire).

On inspire l'air avec lenteur par les deux narines, en le faisant frotter contre le conduit respiratoire de manière à produire un son, on retient l'air au maximum, puis on expire par la narine gauche.

3. Sîtkârin (l'émission du son « sît »).

Inspirer par la bouche en produisant une sorte de sifflement, la langue étant placée juste derrière les dents, suspendue à l'intérieur de la bouche sans en toucher les parois, retenir l'air, puis expirer par les deux narines.

4. Çîtalî (la rafraîchissante).

Aspirer l'air par la bouche avec un son sifflant en donnant à la langue la forme d'une pipette ou d'un bec d'oiseau et en la faisant légèrement dépasser des lèvres arrondies, retenir, puis expirer lentement par les narines, la bouche fermée.

5. Bhastrikâ (le soufflet de forge).

Expulser l'air avec force par une narine en faisant un son, puis inspirer immédiatement sans rétention, par la même narine. Répéter ce cycle *expir-inspir* avec la rapidité et la force d'un soufflet de forge, vingt fois, avec la même narine, puis faire le même nombre de cycles avec l'autre narine. Terminer chaque série par un cycle de *Sûrya-bhedana.*

6. Bhrâmarin (l'abeille).

« L'inspiration est rapide et impétueuse, produisant un son pareil au bourdonnement de l'abeille mâle. L'expiration, très lente, rappelle le bourdonnement de l'abeille femelle [16]. » La rétention s'accomplit à la fin de l'inspiration.

7. Mûrcchâ (l'évanouissement).

A la fin de l'inspiration, une très longue rétention, accompagnée d'un *Jâlandhara-bandha* (voir ci-dessous) très ferme, provoque une dissolution bienheureuse de l'activité mentale dans le Soi, comparée à un évanouissement. L'expiration qui suit ne doit pas être précipitée, mais lente.

8. Plavinî (le flotteur).

Le *yogin* s'emplit d'air jusqu'à débordement par une inspiration si profonde et complète qu'il est comme une bouée gonflée qui flotte sur les eaux.

On remarquera que dans ces huit *prânâyâma,* la rétention se fait toujours après l'inspiration.

D. Les trois ligatures (bandha)

Tous les *prânâyâma* doivent toujours être exécutés accompagnés des trois « ligatures » *(bandha)* :

1. La « ligature contrôlant les réseaux » *(jâlandhara-bandha)* doit être exécutée juste à la fin de l'inspiration.

16. *H.Y.P.*, II, 68.

Elle consiste à pousser le menton contre la poitrine (plus exactement, l'enfoncer dans la dépression jugulaire en haut du sternum), en baissant le front le plus possible vers l'avant, tout en gardant le dos très droit. Cette position est maîtrisée grâce à la pratique préalable des postures nommées *sarvângâsana* et *halâsana.* Cette ligature ferme la gorge et bloque entièrement le passage de l'air, permettant une suspension du souffle sans migraines ni bourdonnements d'oreille. Elle est censée opérer un contrôle sur le réseau des *nâdî,* d'où son nom.

2. La « ligature de l'envol » *(uddîyâna-bandha),* exécutée à la fin de la rétention et au début de l'expiration, consiste à creuser fortement le ventre en le tirant vers le dos et en le faisant remonter vers le thorax, de sorte qu'un grand creux apparaisse sous le diaphragme et que le nombril semble toucher la colonne vertébrale. Cette ligature doit son nom au fait que grâce à elle, les « grands oiseaux » que sont les souffles vitaux prennent leur envol dans une direction qui leur était jusqu'ici tout à fait inconnue, c'est-à-dire en empruntant la voie de Sushumnâ.

3. La « ligature de la base *(mûla-bandha)* est aussi accomplie durant la rétention. Le *yogin* contracte l'anus, les muscles fessiers, tout le fondement, et le fait remonter de l'intérieur. Il fait aussi remonter le bas-ventre en le poussant vers la colonne vertébrale.

Lorsque les trois *bandha* sont exécutés simultanément, il se produit une sorte d'inversion des courants d'énergie naturels dans le corps. L'énergie habituellement descendante *(apâna),* qui va du milieu à la base du corps, et préside aux fonctions d'excrétion, est forcée par le *mûla-bandha* (et par l'*uddîyâna-bandha* dans une plus faible mesure) de remonter. L'énergie habituellement montante *(prâna)* qui gouverne la moitié supérieure du corps, veut s'échapper par le haut, et elle est forcée, par le *jâlandhara-bandha,* de redescendre. En poussant ainsi avec force à la fois vers le haut (à partir d'en bas) et vers le bas (à partir d'en haut), tout en tirant le nombril vers la colonne vertébrale, le *yogin* doit avoir l'impression que ces deux courants d'énergie refluent, se rejoignent et fusionnent au niveau du nombril.

E. La rétention du souffle (kumbhaka)

L'élément essentiel, dans le *prânâyâma*, est la rétention *(kumbhaka)*, au point qu'un *prânâyâma* s'appelle un *sahita-kumbhaka* : « Une rétention accompagnée » (c'est-à-dire précédée d'une inspiration ou d'une expiration complète). Tout le but de l'exercice des *prânâyâma* est d'accroître la durée de cet espace, de ce vide, pendant lequel l'homme échappe à la dualité de l'inspiration et de l'expiration.

Le succès en *prânâyâma* est obtenu, pour le *hatha-yogin,* lorsqu'il se produit une sorte de résorption de toutes les énergies vitales et mentales durant le *kumbhaka,* et que le *yogin* peut se maintenir avec aisance, pour une durée aussi longue qu'il le veut, dans une rétention pure *(kevala-kumbhaka),* intervenant à n'importe quel moment de l'inspiration ou de l'expiration. Il se produit alors une sorte de respiration intérieure, expliquée par le fait que les fonctions vitales *(prâna)* n'opèrent plus en mode duel, par Idâ et Pingalâ, mais par la voie centrale, la Voie du milieu, Sushumnâ. Le souffle à ce moment-là ne passe plus par les deux narines, et le corps devient rigide comme une pièce de bois, comme un corps mort, alors qu'à cet instant le *yogin* devient justement « un conquérant de la mort ».

Le *kumbhaka* de type inférieur dure quarante-deux secondes environ, celui de type moyen environ une minute et demie, celui de type supérieur environ deux minutes. Si le *yogin* parvient à franchir cette limite supérieure, l'énergie vitale pénètre dans Sushumnâ. Si cette absorption, pendant laquelle toute respiration est suspendue, dure dix minutes, c'est ce que les *hatha-yogin* appellent le retrait des sens *(pratyâhâra)* ; si elle dure deux heures, c'est ce qu'ils nomment concentration *(dhâranâ)* ; si elle dure un jour entier, c'est ce qu'ils nomment méditation (*dhyâna),* et si elle dure douze jours continûment, c'est ce qu'ils nomment *samâdhi.* « Lorsque le *yogin* arrive à accomplir la rétention pure *(kevala-kumbhaka),* sans l'accompagner d'expiration ou d'inspiration, il n'existe plus rien dans les trois mondes qui lui soit difficile à atteindre... C'est par le *kumbhaka* qu'a lieu l'éveil de Ku*nd*alinî, et lorsque Ku*nd*alinî est éveillée, Sushumnâ n'est plus obstruée, et le succès en *Hatha-yoga* s'ensuit [18]. »

Mais ce *kumbhaka* n'est maîtrisé que progressivement, et certains signes extérieurs accompagnent les étapes de cette maîtrise : « Lorsque l'on tient ainsi le souffle, la transpiration se fait abondante, et il est nécessaire de masser le corps. Plus tard, le corps se met à trembler, alors même que l'on est assis dans la posture du Lotus. Et si l'on avance encore dans ce type de pratique, paraît le phénomène dit « la grenouille » : l'adepte, assis dans la posture du Lotus, saute et bondit comme une grenouille. Plus tard, ces mouvements cessent, mais le corps se soulève au-dessus du sol, et bien qu'étant toujours assis dans la posture du Lotus, l'adepte se déplace sans toucher terre. Apparaîtront également d'autres phénomènes surhumains, mais il se gardera d'en faire état ; il ne dira pas non plus que maintes misères corporelles lui seront dès lors épargnées ; car il ne dormira que très peu, éliminera un minimum d'excrétion [19] », pourra se passer presque complètement de nourriture solide, semblera rajeuni, exhalera une odeur exquise, etc.

3. Les Sceaux (mudrâ)

Le *kevala-kumbhaka* provoque l'éveil de Ku*nd*alinî, mais inversement si l'on arrive à éveiller Ku*nd*alinî par d'autres moyens, son éveil entraîne la perfection en *kum-*

18. *H.Y.P.*, II, 73-76.
19. *Yogatattva-Up*, 52-56, trad. par J. Varenne, *Upanishads du Yoga*, p. 57.

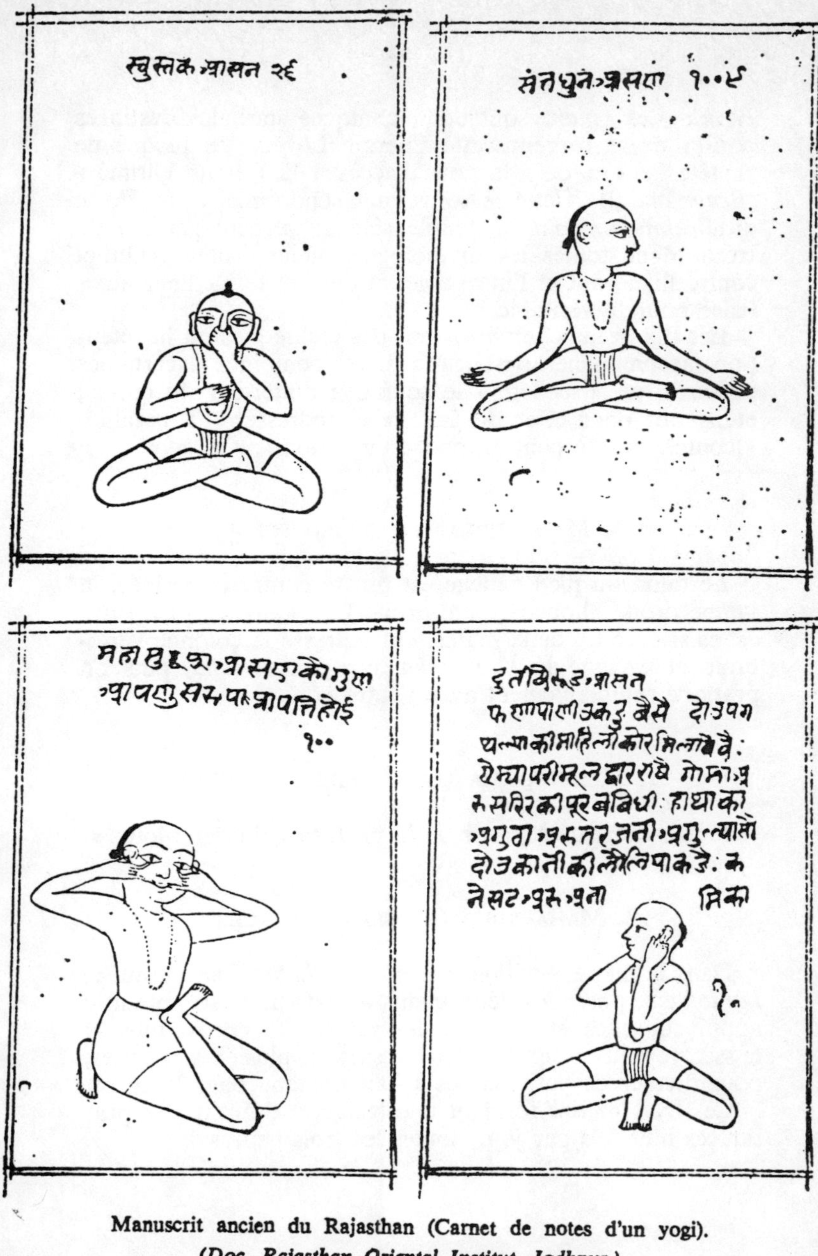

Manuscrit ancien du Rajasthan (Carnet de notes d'un yogi).
(Doc. Rajasthan Oriental Institut, Jodhpur.)

bhaka. Les *mudrâ* sont des techniques spéciales destinées à tirer de sa torpeur cette Energie Lovée, qui bloque de sa tête l'entrée de « la voie d'accès à la Réalité Ultime » *(Brahmanâdî).* Cette « Souveraine endormie à la Porte du *Brahman* » joue le double rôle du serpent gardien du trésor dans toutes les mythologies : elle protège celui-ci contre l'ignorant et l'incapable, et devient le meilleur auxiliaire pour le véritable héros.

Les dix Sceaux *(mudrâ)* sont des techniques où la rétention, accompagnée des ligatures, est combinée à certaines postures qui « scellent » le souffle à l'intérieur du corps ; et ils ont pour effet de faire « se redresser » Ku*nd*alinî, « comme un serpent frappé d'un bâton ». Ce sont :

1. Mahamudra (le grand sceau)

Le talon du pied gauche est pressé contre le périnée, la jambe droite allongée toute droite face à soi, le pied droit est saisi avec les deux mains. On redresse la colonne vertébrale et exécute le *kumbhaka* avec les *bandha,* puis on pratique semblablement avec l'autre côté.

2. Mahabandha (la grande ligature)

Même exercice à partir de la posture « du demi-lotus ».

3. Mahavedha (la grande percée)

Dans la même position que pour *mahâbandha,* durant le *kumbhaka,* poser les deux mains à plat sur le sol, prendre appui sur elles et soulever légèrement le corps, puis le laisser retomber sur les deux fesses, à plusieurs reprises, pour donner de petits chocs à l'air contenu dans le corps.

Ces trois *mudrâ* forment une triade et doivent être pratiquées huit fois par jour, toutes les trois heures.

4. Khecari (qui se meut dans l'espace)

La langue doit être progressivement allongée par des manipulations et des massages, et le frein de la langue est incisé, de sorte que le *yogin* peut retourner la langue à l'intérieur de la bouche et lui faire toucher la cavité derrière la luette. Là est située la « confluence » des trois courants subtils *(triveni),* point de jonction entre Idâ Pingalâ et Sushumnâ, appelé aussi *cakra* du ciel *(vyoma-cakra).* Le *yogin* doit maintenir sa langue ainsi retournée vers le haut et fixer son esprit sur l'espace entre les deux sourcils. Cette pratique a pour effet de provoquer une abondante salivation, d'abord épaisse, puis peu à peu fluide et limpide, elle supprime la faim et la soif, facilite la suspension du souffle, et procure la maîtrise de l'énergie sexuelle. Lorsque la langue est mise sans interruption en contact avec le trou en haut de la voûte du palais, le *yogin* expérimente différentes sortes de saveurs, d'abord un goût salé, puis alcalin, puis amer, acide, lacté, etc., et finalement un goût de nectar. En termes de symbolisme yogique, cette *mudrâ* empêche l'ambroisie *(amrta),* l'élixir lunaire, appelé aussi liqueur divine, fluide vital, essence du corps, de s'écouler du centre situé dans la tête jusqu'aux *cakra* inférieurs. C'est à cet écoulement, à cette descente qu'est attribué le phénomène de vieillissement et de dépérissement.

5. Viparita-karani (l'attitude inversée)

C'est un autre expédient adopté pour intercepter le flot lunaire descendant du *cakra* de la Lune *(soma-cakra),* situé entre l'*âjñâ* et le *sahasrâra-cakra,* et l'empêcher d'être dévoré par le Soleil, dont le domaine se trouve entre l'*anâhata* et le *manipûra-cakra* (cf. l'expression : plexus « solaire »). Cet expédient consiste à intervertir leurs positions : lorsque le *yogin* se tient dans les postures inversées, comme *çîrshâsana, sarvângâsana,* et leurs variantes, la

Lune dans son corps se trouve en bas et le Soleil en haut. Cette pratique, qui a pour effet secondaire de décupler l'appétit, revivifie l'être entier.

6. Vajroli (avec les variantes sahajoli et amaroli)

Ce sont des techniques de maîtrise de l'énergie sexuelle. Le *yogin* doit apprendre d'abord à aspirer par succion de l'eau par le canal de l'urètre. Il devient alors également capable de ré-aspirer le sperme par le canal spermatique. Cela lui permet, en toute circonstance, quand bien même il s'unirait à une femme, de demeurer un *urdhva-retas* : un homme chez qui l'énergie sexuelle prend une course ascendante. En effet, la semence *(bindu)* qui s'élabore dans les organes génitaux, au niveau du *mulâdhâra-cakra,* n'est qu'une forme matérialisée, devenue grossière, du *bindu* causal ou énergie créatrice présente dans les centres supérieurs de la tête. C'est l'influence de la pensée, le vacillement du désir, qui fait descendre le *bindu* dans les centres inférieurs. Le but est de faire retourner cette semence grossière à sa forme subtile originelle, de la reconvertir en nectar, en l'entraînant dans le mouvement ascendant vers le sommet du crâne, représenté par la voie de la Remontée, Sushumnâ. Si le *yogin* n'a pas pu, par la *khecarî-mudrâ,* immobiliser l'énergie virile au niveau le plus haut, dans les centres cérébraux, il doit être capable, par la *vajrolî-mudrâ,* de faire remonter cette énergie accumulée sous forme de semence. Par un mouvement de succion avec contraction du membre viril, il fait revenir en arrière le sperme qui est alors entraîné dans le mouvement de transmutation des énergies. Même s'il est marié ou s'unit rituellement à une compagne qui lui est associée dans la voie tantrique, le *yogin* ne doit jamais laisser s'échapper sa semence. « La chute du sperme, c'est la mort ; la vie, c'est la rétention du sperme [20]. » Si par hasard, durant

20. *Çiva-Samhitâ,* IV, 88.

l'union sexuelle, le sperme se met en mouvement, le *yogin* doit, par la pratique experte de la *vajrolî-mudrâ,* l'arrêter et le faire remonter, aspirant du même coup les sécrétions féminines dans son propre corps. Il absorbe la « semence » féminine, comme s'il reprenait la femme en lui-même [21]. « Le corps d'un homme qui est véritablement *urdhva-retas* a le parfum du lotus. Un homme chaste chez lequel s'est formée de la semence grossière peut, en revanche, sentir le bouc [22]. »

Lorsque la semence virile est ainsi transmutée et parfaitement stabilisée chez le *yogin,* la fusion de cette essence masculine avec l'essence féminine, également présente en tout homme, s'opère à l'intérieur de son propre corps, et non à l'extérieur, comme dans le cas d'une union ordinaire. Par cette conjonction des éléments opposés s'accomplit l'œuvre du yoga qui est neutralisation du réseau des dualités.

7. Çakti-calana (le secouement de la Çakti)

Pour faire quitter à l'Energie Fondamentale sa forme repliée sur elle-même, on doit la « secouer » avec force par une *mudrâ* qui exerce une pression sur la région où elle est assoupie, puis exécuter immédiatement après le *prânâyâma* du « soufflet de forge » *(bhastrikâ).* Cette méthode n'est apprise que d'un *guru.*

Toutes ces pratiques, si elles sont exécutées correctement et suffisamment longtemps, aboutissent au même résultat : l'arrêt violent de l'activité des énergies vitales et

21. Ainsi, même dans l'union sexuelle, s'opère une inversion des directions habituelles. Ce n'est pas une déperdition d'énergie aboutissant à la procréation, qui substitue à l'éternité recherchée une perpétuation de l'espèce dans le temps, mais une réintégration, grâce à la maîtrise de soi, du principe féminin dans le principe masculin, réintégration débouchant sur une expérience de béatitude, d'« union sans fin », inconnue au niveau des sens.

22. *La Puissance du Serpent,* p. 196.

mentales sur le plan des dualités, et leur reflux vers la voie centrale, où se produit un embrasement. C'est l'éveil de Ku*nd*alinî, qui « brille soudain, tel un éclair, à l'orifice inférieur de Sushumna [23] ». « Alors s'opère, en vue de l'immortalité, l'union de la Lune, du Soleil et du Feu [24]. » La réunification en soi-même, ou réduction par la force au principe unique dont elles ne sont qu'une polarisation, des énergies duelles et alternantes, telles qu'inspiration et expiration, *prâna* et *apâna,* principe féminin et principe masculin, I*d*â et Pingalâ, gauche et droite, courant lunaire et courant solaire, etc., aboutit à leur résorption dans la Voie du Milieu, Sushumnâ, le point d'équilibre où il est aussi difficile de se maintenir que sur le fil du rasoir. Alors « l'état de mort » apparaît, dû à l'inactivité du *prâna* dans les canaux de gauche et de droite (I*d*â et Pingalâ) : « Abandonnant les deux *nâdî,* le souffle vital, subitement, fait sentir sa vibration dans la voie centrale [25]. » Le « feu corporel », qui, chez l'homme ordinaire, ne fait que couver, s'allume ; il se produit un embrasement de chaleur dans tout le corps : « Un flamboiement intensément brûlant s'allume dans le corps. Ku*nd*alinî endormie, échauffée par cet embrasement, s'éveille. Tel un serpent frappé avec un bâton, elle se redresse en sifflant ; comme si elle entrait dans son trou, elle se faufile à l'intérieur de la *Brahmanâdî* (Sushumnâ) [26] », où brille la lumière de l'Absolu, et là, commence sa remontée.

4. Le samâdhi

Les étapes qui suivent sont celles où Ku*nd*alinî ayant été éveillée, les degrés de son ascension marquent la réintégration progressive de la conscience individuelle dans la Conscience absolue. Ku*nd*alinî ne joue plus alors le rôle

23. *Yogakundalinî-Up,* 67. J. Varenne, *op. cit.,* p. 101.
24. *H.Y.P.,* III, 27. — 25. *H.Y.P.,* III, 26. — 26. *H.Y.P.,* III, 67-69.

d'une force passive ; elle est éprouvée par les *yogin* comme une Mère Divine, un guide spirituel, une puissance rédemptrice qui dirige et soutient les efforts du *yogin* et l'emmène jusqu'à la Délivrance.

Toutefois, même alors, Ku*nd*alinî éveillée peut retomber dans sa somnolence, redescendre se lover dans le centre de base, si le *yogin* ne persévère pas dans son triple effort d'immobilisation : immobilisation du souffle, immobilisation de la pensée et immobilisaton de la semence virile — chacun de ces trois entraînant d'ailleurs les deux autres, soit dans son mouvement, soit dans son immobilité. Toutes les techniques précédemment expliquées doivent permettre au *yogin* d'atteindre à la maîtrise du souffle et de la semence ; il doit maintenant, simultanément, obtenir un arrêt complet des fonctions mentales, et certaines techniques de concentration sont spécialement employées à cet effet, qui forment la quatrième partie du *Hatha-yoga.* Dans la mesure où elles sont de même nature que les techniques enseignées par le *Râja-yoga,* elles sont appelées *Râja-yoga* par les *hatha-yogin,* qui les considèrent comme l'aboutissement sans lequel le *Hatha-yoga* est dépourvu de sens et n'est que labeur stérile. Mais en même temps ils pensent que nul n'est qualifié pour aborder les cimes du *Râja-yoga* s'il n'est passé par la préparation nécessaire que constitue le *Hatha-yoga.* Cette partie finale, qui est une science du *samâdhi,* est appelée aussi *Laya-yoga,* parce qu'elle décrit les étapes de la dissolution *(laya)* ou résorption de la manifestation individuelle dans l'Absolu non manifesté.

Les trois premières méthodes enseignent à absorber l'esprit, tout en gardant les yeux ouverts, dans l'un des *cakra* de Sushumnâ où Ku*nd*alinî est devenue active. Ce sont :

1. La mudrâ de Çâmbhavî (Çâmbhavî-mudrâ).

L'attention est dirigée à l'intérieur, sur l'un des *cakra* de son choix, depuis *mûlâdhâra* jusqu'au *sahasrâra,* mais le regard est posé à l'extérieur, un regard fixe, sans mouvement des paupières : « Lorsque le *yogin* demeure continuellement avec l'esprit et le souffle absorbés dans la cible intérieure, quoique son regard aux pupilles immobiles soit dirigé vers l'extérieur ou vers le bas, comme s'il voyait, et pourtant ne voyant pas, cette *mudrâ* en vérité est celle de Çâmbhavî (l'épouse de Çambhu, l'un des noms de Çiva) [27]. »

2. *Le regard au milieu des sourcils* (bhrûmadhya-d*r*sh*t*i), *nommé aussi le moyen salvateur* (târaka).

Levant légèrement les sourcils, faire converger le regard vers la pointe de lumière intensément resplendissante contemplée dans le *cakra* entre les sourcils, et y fixer son esprit de la même manière que pour la *mudrâ* précédente.

3. *Le regard de la pointe du nez* (nâsâgra-d*r*sh*t*i).

Les yeux étant à demi ouverts, le regard est posé dans l'espace, à douze doigts des yeux, dans la direction du bout du nez.

Mais la quatrième et principale méthode est la concentration de l'esprit sur le son entendu à l'intérieur du corps, lorsque Ku*n*d*a*linî est éveillée :

4. *Concentration sur la sonorité intérieure* (nâda).

Cette sonorité, qui est le Son primordial d'où découle toute la création, est perçue comme une vibration sonore à l'intérieur du Sushumnâ. Pour l'écouter, il faut adopter une *mudrâ* spéciale, la *mudrâ* « de la face qui regarde dans l'autre sens » *(parân-mukhî-mudrâ)*. Elle consiste à se boucher les oreilles et les narines avec certains doigts, et à placer les autres doigts sur les yeux et la bouche fermés. On entend alors distinctement le son intérieur.

27. *H.Y.P.*, III, 37.

Les phases de l'écoute du son sont liées aux étapes de la remontée de Ku*nd*alinî. Celle-ci rencontre trois points critiques au cours de son ascension, qui sont appelés des « nœuds » *(granthi)*. Ces trois nœuds : le nœud de Brahmâ, le nœud de Vish*n*u et le nœud de Rudra, sont situés, le premier dans *mûlâdhâra,* le second dans *anâhata,* et le troisième dans *âjñâ,* les trois *cakra* localisés respectivement au niveau des organes sexuels, du cœur, et de la tête, et qui correspondent aux trois plans principaux de la manifestation, symbolisés par la Terre, l'Atmosphère, et le Ciel (l'Absolu incréé et sans formes étant au-delà du plan céleste).

Le premier nœud *(Brahmagranthi)* est percé par l'éveil même de Ku*nd*alinî qui, du même coup, peut s'élever jusqu'à l'*anâhata-cakra.* Alors « une béatitude, émergeant de l'espace intérieur du cœur, est éprouvée, et on entend des tintements variés et le son primordial à l'intérieur du corps [28] ».

Lorsque le second nœud, dans l'*anâhata-cakra,* est percé, nouvel essor de Ku*nd*alinî, accompagné d'une nouvelle sorte de sons : « A la suite de la percée du nœud de Vish*n*u, un tumulte sonore semblable au son des timbales s'élève dans le Vide du *viçuddhi-cakra,* avant-coureur de la Béatitude suprême [29]. Lorsque, quittant le *cakra* situé au niveau de la gorge, Ku*nd*alinî s'élève jusqu'au *cakra* situé au niveau du front, où se trouve le troisième nœud, alors « dans le ciel ouvert de l'*âjñâ-cakra* se fait entendre le son du tambour *mardala* [30] ».

Enfin lorsque Ku*nd*alinî, ayant percé ce dernier nœud *(Rudragranthi),* s'élève vers l'orifice central au sommet de la tête, « c'est la consommation, dans laquelle se fait entendre un son de flûte, une tonalité de *vînâ* qui résonne [31] ».

Le *yogin* doit s'absorber exclusivement dans l'écoute du Son : « Ce *nâda,* lorsqu'on répète l'effort pour l'entendre,

28. *H.Y.P.*, IV, 70. — 29. *H.Y.P.*, IV, 73. — 30. *H.Y.P.*, IV, 74 — 31. *H.Y.P.*, IV, 76.

finit par recouvrir tous les sons de l'extérieur. Au début de la pratique, on entend un son de grand volume et diversifié, non homogène. Puis, à mesure que l'on progresse dans la pratique, on entend un son de plus en plus subtil... Même lorsqu'on entend des sons puissants, comme ceux de la nuée et des timbales, on doit chercher seulement à saisir un son de plus en plus subtil [32]. »

Captivé par le Son, l'esprit est ainsi fixé sur des tonalités de plus en plus subtiles, et ultimement, s'immerge dans le Silence. Le principe vital *(prâna)* et l'esprit *(manas)*, s'échappant par l'extrémité supérieure de Sushumnâ, se dissolvent dans la Source increéée, l'Absolu informel. C'est le *samâdhi* :

« Vide à l'intérieur et vide à l'extérieur, comme une jarre vide dans l'espace.

« Plénitude à l'intérieur et plénitude à l'extérieur, comme une jarre immergée dans l'océan [33]. »

La Ku*nd*alinî Çakti est reconduite à Çiva dans le lotus aux mille pétales, le lieu de l'identité ; la Femme Primordiale est réunie à l'Homme Primordial [34], le Pouvoir à la Conscience, l'univers des dualités est résorbé, et l'Unité originelle restaurée. De cette union suprême de Çiva et de Çakti « coule le nectar *(amrta)*, qui en un fleuve d'ambroisie, ruisselle du *Brahmarandhra* jusqu'au *mûlâdhâra*, inondant le *kshudra Brahmânda*, ou microcosme, et satisfaisant les *Devatâ* (déités) de ses *cakra*. C'est alors que le *sâdhaka* (l'adepte), oublieux de tout en ce monde, est plongé dans la béatitude ineffable. Renouvellement, puissance accrue et joie suivent chaque visite à la Fontaine de Vie [35] ».

32. *H.Y.P.*, IV, 83-87.
33. *H.Y.P.*, IV, 56.
34. « Cette épouse (Ku*nd*alinî), entrant dans la voie royale (Sushumnâ), se reposant par intervalles dans les lieux sacrés (les *cakra*), étreint l'Epoux suprême (Çiva) et fait couler le nectar (du *sahasrâra*). » *Cintâmanistava*, attribué à Çankarâcârya.
35. *La Puissance du Serpent*, p. 232.

Au début, Ku*nd*alinî ne demeure pas longtemps dans le *sahasrâra,* ayant une tendance naturelle à redescendre à sa position originelle. Le *yogin* doit répéter l'effort culminant dans cette ascension, suivie d'une redescente, qui est à chaque fois comme une dissolution, puis une reprojection, de l'univers. Il doit de tout son pouvoir s'efforcer de retenir Ku*nd*alinî en haut le plus longtemps possible, jusqu'au moment où, unie indissolublement à son Epoux, elle fait du *sahasrâra* sa demeure permanente, et ne redescend que par la volonté du *yogin*. Lorsque la Çakti a hâte, dès qu'elle est temporairement séparée de Çiva, de remonter pour s'absorber en Lui, et c'est alors seulement que la Délivrance est atteinte. Le *yogin* réalise alors l'état suprême d'où il n'est plus possible de retomber, le Lieu d'où il n'est pas de chute. Il est totalement unifié, jusque dans son corps, à la Réalité absolue, toutes les puissances de son être ayant été portées à leur complète perfection par la Mère de toutes les puissances, la Divine Çakti. Preuve vivante de l'unité du Suprême et de sa Puissance, débordant du nectar de leur union, libre de toutes les conditions d'existence, possédant tous les pouvoirs, aussi insaisissable que le vent, « il se meut librement dans l'univers, ayant brisé la férule de la Mort [36] ».

36. *H.Y.P.*, I, 9.

BIBLIOGRAPHIE SOMMAIRE

OUVRAGES GENERAUX

Ananda COOMARASWAMY, *Hindouisme et Bouddhisme,* coll. « Idées », N.R.F., Gallimard, 1949.

Alain DANIELOU, *Yoga, méthode de réintégration,* éd. de l'Arche, 1951.

Mircea ELIADE, *Patanjali et le Yoga,* coll. « Maîtres spirituels », Le Seuil, 1962. — *Le Yoga, immortalité et liberté,* Payot, 1954.

L. RENOU et J. FILLIOZAT, *L'Inde classique,* Payot, 1947.

Jean VARENNE, *Les Upanishads du Yoga,* traduites du sanskrit et annotées. Coll. Unesco, Connaissance de l'Orient, Gallimard, 1971. — *Le Yoga dans la tradition hindoue,* Bibliothèque de l'Irrationnel, Denoël, 1971.

Madeleine BIARDEAU, *Clefs pour la pensée hindoue,* Seghers, 1972.

SUR LE SAMKHYA

Madeleine BIARDEAU, *Etudes de mythologie hindoue, Cosmogonies purâniques,* BEFEO, LIV, 1968 ; LV, 1969 ; LVIII, 1971.

Pulinbihari CHAKRAVARTI, *Origin and Development of the Sâmkhya System of Thought,* Calcutta sanskrit series n° XXX.

Anne-Marie Esnoul, *Les Strophes du Sâmkhya (Sâmkhya-Kârikâ)*, « Les Belles Lettres », Paris, 1964.

Gerald Larson, *Classical Sâmkhya*, Motilal Banarsidass, Delhi, 1969.

Suryanarayana Sastri, *The Sâmkhya-Kârikâ of Isvara* Krsna, University of Madras, 1930.

SUR LE RAJA-YOGA

Swami Hariharananda Aranya, *Yoga Philosophy of Patañjali* (la traduction la plus claire des *Yoga-Sûtra*), University of Calcutta, 1963.

Ballantyne & Sastri Deva, *Yoga-Sûtra of Patañjali*, Indological Book House, Delhi, 1971.

Bengali Baba, *Pâtañjala-Yoga-Sûtra with Vyâsa Commentary*, Poona, 1949.

Olivier Lacombe, « Sur le Yoga indien », dans *Etudes Carmélitaires*, octobre 1937, p. 167 et suiv.

I.K. Taimini, *The Science of Yoga (Yoga-Sûtra,* translation in English and Commentary), Theosophical Publ. House, Madras, 1971.

James Haughton Woods, *The Yoga System of Patañjali*, Harvard Oriental Series, 1914.

SUR LE KARMA-YOGA

On consultera avant tout la *Bhagavad-Gîtâ*, dont il existe de nombreuses traductions en français.

Bal Gangadhar Tilak, *Gita Rahasya or Karma Yoga*, Poona, 1965.

The Laws of Manu, Sacred Books of the East, Vol. XXV, edited by Max Muller.

Louis Dumont, *Homo Hierarchicus, essai sur le système des castes*, N.R.F., Gallimard, 1966.

SUR LE BHAKTI-YOGA

Sukumar CHAKRAVARTI, *Caitanya et sa théorie de l'Amour divin,* P.U.F., 1933.

Swami CHINMAYANANDA, *Bhaja Govindam by Çankarâcârya,* Madras.

Jean HERBERT (sous la direction de), *L'Enseignement de Ramakrishna,* paroles groupées et annotées, Albin Michel, 1949.

Rasik Vihari JOSHI, *Le Rituel de la dévotion* Krsn*aïte,* publication de l'Institut français d'indologie, n° 17, 1959.

K.E. PARTHASARATHY, *Srî Vishnu Sahasranâman,* with comm. of Çankarâcârya and Bha*tt*ar, Ganesh & Co, Madras.

Swami PAVITRANANDA, *Siva-mahimnah Strotram,* texte et trad., Advaita Ashram, Calcutta, 1961.

Subrahmanya SHARMA, *Nârada aphorisms on Bhakti,* Bangalore, 1938.

Lilian SILBURN, *La Bhakti* (Etudes sur le Sivaïsme du Kasmir, tome I). Publ. de l'Institut de civilisation indienne, fasc. 19, De Boccard, 1964.

Swami TYAGISANANDA, *Nârada-bhakti-sûtra,* Sri Ramakrishna Math, Madras, 1967.

SUR LE JNANA-YOGA

Swami JAGADANANDA, *Upadesa-Sâhasri, a thousand teachings* of Çankarâcârya. Sri Ramakrishna Math, Madras, 1970.

T.M.P. MAHADEVAN, *The Wisdom of Unity* (*Manîsâ-pancakam* of Çankarâcârya), Ganesh & Co, Madras, 1967.

Swami NIKHILANANDA, *Atma-bodha, Self-Knowledge,* of Çankarâcârya, Sri Ramakrishna Math, Madras, 1967. — *Vedântasâra or the Essence of Vedânta* of Sadânanda, Advaita Ashrama, Calcutta, 1968.

Marcel SAUTON, *Comment discriminer le spectateur du spectacle (Drgdrçya-viveka),* par Çankarâcârya, Adrien Maisonneuve. — *Le Plus Beau Fleuron de la Discrimination*

(Viveka-cûdâ-mani), par Çankarâcârya, A. Maisonneuve, 1946.

Swami TATTVANANDA, *The Quintessence of Vedânta (Sarva-vedânta-siddhânta-sâra-sangraha)* of Çankarâcârya, Sri Ramakrishna Advaita Ashrama, Ernakulam, 1960.

Swami VIMUKTANANDA, *Aparokshanubhuti or Self-realisation* of Çankarâcârya, Advaita Ashrama, Calcutta, 1966.

SUR LE HATHA ET LE KUNDALINI-YOGA

Arthur AVALON (Sir John Woodroffe), *Sâkti and Sâkta,* Ganesh & Co, Madras, 1969. — *Introduction to Tantra Sâstra,* Ganesh & Co, 1969. — *The Serpent Power,* Ganesh & Co, 1953. Traduction française par Charles

VACHOT : *La Puissance du Serpent,* Dervy-Livres, Paris, 1970.

Théos BERNARD, *Hatha-yoga,* Rider & Co., Londres, 1969.

Thérèse BROSSE, *Etudes instrumentales des techniques du Yoga,* précédé d'une introduction de Jean FILLIOZAT sur *La Nature du Yoga dans sa tradition,* Paris, 1963.

Julius EVOLA, *Le Yoga tantrique,* Fayard, 1971.

Jean FILLIOZAT, « Les limites des pouvoirs humains dans l'Inde », dans : *Etudes carmélitaires « Limites de l'Humain »,* 1953. — « Sur la " concentration oculaire " dans le Yoga », étude publiée dans : *Yoga, Eine internationale Zeitschrift,* I, 131, p. 93-102.

B.S.K. IYENGAR, *Light on Yoga,* George Allen & Unwin, 1970. (La meilleure description des *âsana.*)

Giuseppe TUCCI, *Théorie et pratique du Mandala,* Fayard, coll. « Documents spirituels », Paris, 1974.

Tara MICHAEL, *Hatha-yoga Pradîpikâ,* traduction, introduction et notes, Fayard, coll. « Documents spirituels », Paris, 1974.

Les principaux traités du *Hatha-yoga* sont :

Gheranda-Samhitâ : trad. anglaise par Sris Chandra VASU (Bombay, 1895, Allahabad, 1914, dans la coll. « Sacred

Books of the Hindus », Adyar, 1933) et par Parivrajika Ma YOGASHAKTI dans *Science of Yoga*, Jaico Publishing House, Bombay, 1964.

Hatha-yoga-pradîpikâ : trad. anglaise par Srinivâsa IYANGAR, Bombay, 1893, par Pancham SINH, coll. « Sacred Books of the Hindus », Allahabad, 1915, et par Swami DIGAMBARJI et Ragunathashastri KOKAJE, Lonavla, 1970 ; traduction française de Tara MICHAEL citée ci-dessus.

Çiva-Samhitâ : trad. anglaise par Srisa Chandra VIDYARNANDA, coll. « Sacred Books of the Hindus », Allahabad, 1923.

Goraksha-çataka : trad. anglaise par Swami KUVALAYANANDA, Lonavla, 1964.

INDEX DES MOTS SANSKRITS

TABLE

Dans la même collection

Aurobindo (Sri)
Renaissance et Karma
Breuil (P. du)
Histoire de la religion et de la philosophie zoroastriennes
Buber (M.)
La Légende du Baal-Shem
Vivre en bonne entente avec Dieu selon le Baal-Shem-Tov
Bulteau (M.)
Mythologie des filles des eaux
Castermane (J.)
Les leçons de Dürckheim, Premiers pas sur le chemin initiatique
Choain (J.)
Introduction au Yi-King
David Neel (A.)
Astavakra Gita / Avadhuta Gita
Le Bouddhisme du Bouddha
Immortalité et réincarnation
Deshimaru (R. T.)
La Voix de la vallée, l'Enseignement d'un maître Zen
Doresse (J.)
Les livres secrets des gnostiques d'Égypte
L'Évangile selon Thomas, l'Évangile des évangiles
Dürckheim (K. G.)
Pratique de l'expérience spirituelle
Ghyka (M.)
L'Esthétique des proportions dans la nature et dans les arts
Grad (A. D.)
Moïse l'Hébreu
Les Clefs secrètes d'Israël
Le Livre des principes kabbalistiques

Grand (J.)
L'univers inconnu du tarot (cartonné)

Graves (R.)
Les Mythes celtes, la déesse blanche

Guilmot (M.)
Message spirituel de l'Égypte ancienne

Huxley (A.)
Les Portes de la perception

Ibn'Arabi
Voyage vers le Maître de la puissance, manuel soufi de méditation

Jacq (Ch.)
La Confrérie des Sages du Nord
Le Message des constructeurs de cathédrales
Le Monde magique de l'Égypte ancienne
Pouvoir et sagesse selon l'Égypte ancienne
Le Voyage initiatique, les trente-trois degrés de la sagesse

Le Kern (A.)
La Géomancie, un art divinatoire

Lindsay (J.)
Les Origines de l'alchimie dans l'Égypte gréco-romaine (cartonné)

Lionel (F.)
L'Astrologie sacrée
Le Tarot magique, Bible imagée de la gnose hermétique

Michaël (T.)
Aspects du Yoga

Monod-Herzen (G.)
L'Alchimie et son code symbolique
Le Yoga et les yoga

Mortazavi (D.)
Soufisme et psychologie

Paracelse
Les Prophéties de Paracelse

Patanjali
Le Yoga de Patanjali

Persigout (J. P.)
Dictionnaire de mythologie celte

Raoult (M.)
Les Druides, les Sociétés initiatiques celtiques contemporaines

Reju (D.)
La Quête des Templiers et l'Orient

Rougier (L.)
La Religion astrale des Pythagoriciens

Rudhyar (D.)
Préparations spirituelles pour un nouvel âge
Vers une conscience planétaire
Le Rythme de la totalité

Saint-Martin (L. C. de)
L'Homme de désir

Saint-Yves (P.)
L'Astrologie populaire

Schure (E.)
L'Évolution divine du Sphinx au Christ

Shah (I.)
Sages d'Orient
Caravane de rêves

Trevoux (G.)
Lettres, chiffres et dieux

Valad (S.)
La Parole secrète, Enseignement soufi du maître Rûmi

Wavrin (Marquis de)
Rites, magie et sorcellerie

Zaehner (R. C.)
Mystique sacrée, Mystique profane des Indiens de l'Amazonie

Cet ouvrage reproduit par procédé photomécanique
a été achevé d'imprimer sur presse CAMERON
dans les ateliers de la S.E.P.C.
à Saint-Amand (Cher), en février 1991

Éditions du Rocher
28, rue Conte-Félix-Gastaldi
Monaco

Dépôt légal : février 1987
N° d'édition : CNE section commerce et industrie Monaco 19023
N° d'impression : 409

Imprimé en France

Éditions du Rocher
28, rue Comte-Félix-Gastaldi
Monaco

Dépôt légal : février 198[illegible]
N° d'édition : CNE section commerce et industrie Monaco 19023
N° d'impression : [illegible]

Imprimé en France